Für Wiltrud

Herstellung: Libri Books on Demand

ISBN 3-89811-799-5

$$(I)$$

"Ich habe in letzter Zeit mit Freud einige Briefe gewechselt zum Thema zweier verbotener Welten: der Mystik und der Musik. (Er flieht beide). Er schreibt, daß ihm ein Brief, den ich Ende 1927 an ihn gerichtet hatte, "keine Ruhe gelassen habe", weil es ihm nicht gelungen sei, eine wissenschaftliche Erklärung für ein Gefühl zu finden, das ich ihm schilderte (nicht nur als mir experimentell bekannt, sondern als Wesenszug einer zahlenmäßig großen Gruppe von Menschen, die ich kenne). Er will ein kleines Buch hierüber schreiben" (Rolland an Zweig, 25.7.1929, II, S. 332).

Wer war **Rolland**? Freud rühmte die "Höhe der Menschlichkeit" (Liber Amicorum R.R., S. 152) des großen Pazifisten, Schriftstellers (Nobelpreis 1915) und Musikers. Als Europa bei Ausbruch des Ersten Weltkrieges in Kriegstaumel verfiel - es war eine *"fast restlose Abdankung der Intelligenz in der ganzen Welt"* (Rolland, zit. n. Zweigs Biographie, S. 257) - war er einer der ganz wenigen, der sofort (offener Brief an Gerhard Hauptmann, 15.9.1914) den Wahnsinn anprangerte und zur Völkerverständigung aufrief, dafür geschmäht und isoliert wurde.

Zu denen, die von anfänglicher Kriegsbegeisterung angesteckt waren, gehörte auch Freud, bis er spätestens im September 1914 begriff ("In diesen Zeiten entfesselter Bestialität....", an Abraham, 22.9.14). An Lou schrieb er sein düsterstes Szenario einer sich selbst vernichtenden Kultur: "Ich zweifle nicht daran, daß die Menschheit auch diesen Krieg verwinden wird, aber ich weiß sicher, daß ich und meine Altersgenossen die Welt nicht mehr froh sehen werden. Es ist zu garstig; das Traurigste daran aber, daß es gerade so ist, wie wir uns nach den von der Psychoanalyse geweckten Erwartungen die Menschen und ihr Benehmen vorstellen sollten. Wegen solcher Einstellung zu den Menschen habe ich in Ihren frohen Optimismus nie einstimmen können.

Mein geheimer Beschluß war: da wir die gegenwärtig höchste Kultur nur mit einer enormen Heuchelei behaftet sehen, so taugen wir organisch[1] nicht für diese Kultur. Wir haben abzutreten, und der oder das große Unbekannte hinter dem Schicksal wird ein solches Kulturexperiment einmal mit einer anderen Rasse wiederholen"[2] (Brief an Lou Andreas-Salome, 25.11.14).

In seiner Vorlesung rief Freud seinen Hörern zu : "Und nun blicken Sie (...) auf den großen Krieg, der noch immer Europa verheert, denken Sie an das Unmaß von Brutalität, Grausamkeit und Verlogenheit, das sich jetzt in der Kulturwelt breit machen darf. Glauben Sie wirklich, daß es einer Handvoll gewissenloser Streber und Verführer geglückt wäre, all diese bösen Geister zu entfesseln, wenn die Millionen von Geführten nicht mitschuldig wären?

Getrauen Sie sich auch unter diesen Verhältnissen, für den Ausschluß des Bösen aus der seelischen Konstitution des Menschen eine Lanze zu brechen?" (G.W. 11, S. 147).

Freud übte in "Zeitgemäßes über Krieg und Tod" scharfe Kritik an der Wissenschaft, die mit Ausbruch des Krieges parteilich geworden sei: "Der Anthropologe muß den Gegner für minderwertig und degeneriert erklären, der Psychiater die Diagnose seiner Geistes- oder Seelenstörung verkünden" (G.W. 10, S. 324).

---

[1] Freud nahm an, daß heute geborene Menschen ein Stück Neigung "zur Umwandlung der egoistischen in soziale Triebe als ererbte Organisation" mitbringen (G.W. 10, S. 333). Diese konstitutionelle Komponente der Kultureignung finde sich aber nur bei einer Minderzahl der Menschen in wirksamer Ausprägung. Die anderen sind nur unter äußerem Zwang friedfertig, nicht aus Veranlagung und innerem Bedürfnis.

[2] Bei der Bewertung von Freuds Äußerung ist zu beachten, daß hier offenbar ein literarischer Topos benutzt wird. Als Belegstellen, die leicht vermehrbar wären, gebe ich nur solche Autoren an, die Freud nachweislich gut kannte:

In Anatole France "La révolte des anges" (erschienen im Frühjahr 1914) sagt der gefallene Engel Nectaire über die Menschen: "Wer weiß, ob sich das Schicksal ihrer degenerierten Rasse dann nicht schon erfüllt haben wird, und andere Lebewesen aus der Asche dessen, was einstmals der Mensch und seine Kultur gewesen war, steigen werden?" (France, S.173)

Der alte Goethe (1828) sagte: "Ich sehe die Zeit kommen, wo Gott keine Freude mehr an der Menschheit hat, und er abermals alles zusammenschlagen muß zu einer verjüngten Schöpfung".

Nach Hesiods Theogonie wird Zeus nach den drei Weltaltern die letzten Menschen ausrotten, denn sie haben gezeigt, daß sie seine Erde nicht verdienen. Und schließlich ist an die biblische Sintflut-Erzählung zu erinnern.

Das "neue Vaterland" eines größeren, keine Grenzen kennenden Kulturzusammenhanges sei zerstört (G.W. 10, S. 327). Romain Rolland schrieb noch entschiedener in seinen Essays, zusammengefaßt in "Au-dessus de la mêlée" (Der freie Geist), gegen den Irrsinn des Krieges an. In seiner Kömodie "Liluli" zeigte er laut Stefan Zweig: "Die deutschen Professoren und die der Sorbonne haben eine erschreckende Ähnlichkeit in ihren logischen Sprüngen und die Haßgesänge eine groteske Gleichheit des Rhythmus und der Konstruktion" (Zweig, S. 220).

Als Freud (im Mai 1924) Rolland, den er bereits als *"Künstler und Apostel der Menschenliebe geehrt"* habe, persönlich begegnete, war er überrascht von der Stärke, Energie und Willenskraft des Humanisten (Liber amicorum, S. 152). Hatte er einen weltfremden Schwärmer und verinnerlichten Weichling erwartet? Freud war von der Begegnung spürbar irritiert: Er war sehr beeindruckt von dem hochgebildeten Intellektuellen, dem feinsinnigen Musiker, dem mutigen Pazifisten und Wahrheitssucher, dem lauteren Charakter - doch dieser Mann war Mystiker, schöpfte seine Kraft aus spirituellen Quellen, vertrat eine transzendentale Weltsicht.

Die These, die Rolland mit Freud erörtern will, führt ins Zentrum der religiösen Frage: "Dies ist der Kern der Frage: in der "Erfahrung" des Unendlichen und der Illusion. Alles übrige ist Schale (...) Nun ist es aber das Interessanteste an der ganzen Frage, daß solche religiösen "Erfahrungen" so häufig in der gleichen Form bei Menschen verschiedener Rassen und Epochen aufgetreten sind. Was ist der Wert dieser Erfahrungen, wie läßt er sich prüfen? Vielleicht durch eine neue Geisteswissenschaft, die über ein feineres Instrument der Analyse verfügt (...) als die heutigen Methoden der Psychoanalyse (...), welche so unvollkommen und ziemlich grob sind" (Rolland, Vivekananda, II, S. 105, FN 1). Und Rolland gibt sich selbst als einer zu erkennen, dem die religiöse Erfahrung vertraut ist: *"Jawohl, auch ich empfinde und empfand so manchesmal mit blitzartiger Erleuchtung unmittelbarer Erkenntnis die Unwirklichkeit der uns erscheinenden Welt, als ein sonnenflimmerndes Spinnenetz, worin wie ein Ariel Liluli sich schaukelt, Lila das Spiel, Mâjâ, die uns auslacht ... Den Projektionsschirm habe ich erblickt! Und seit langem sehe ich*

*durch ihn hindurch ... Aber dergleichen gebe ich nicht als Beweis
aus. Es ist dies ein Gesicht. Und um es anderen mitzuteilen, müßte ich
ihnen meine Augen leihen"* (ebd., S. 105f.).

Die These Rollands ist, daß Freud (1927) in seiner Religionsschrift
die eigentliche Quelle der Religiösität nicht erfaßt habe. Diese sei - in
Freuds Wiedergabe - "ein Gefühl, das er die Empfindung der
'Ewigkeit' nennen möchte, ein Gefühl wie von etwas Unbegrenztem,
Schrankenlosem, gleichsam 'Ozeanischem'. Dies Gefühl sei eine rein
subjektive Tatsache, kein Glaubenssatz; keine Zusicherung
persönlicher Fortdauer knüpfe sich daran, aber es sei die Quelle der
religiösen Energie, die von den verschiedenen Kirchen und
Religionssystemen gefaßt, in bestimmte Kanäle geleitet und gewiß
auch aufgezehrt werde. Nur aufgrund dieses ozeanischen Gefühls
dürfe man sich religiös heißen, auch wenn man jeden Glauben und
jede Illusion ablehne" (G.W. 14, S. 421).

Ein herausragendes Beispiel für den religiösen Menschen, der <u>jede</u>
Kirche, <u>jeden</u> Glauben, <u>jede</u> Philosophie, <u>jede</u> Methode der
Meditation scharf ablehnte, ist **Krishnamurti**, der 1929 die
theosophische Sekte, die ihn als ihren "Weltlehrer" auferzogen hatte,
einfach auflöste. Eine seiner Erleuchtungserfahrungen gibt das
Ozeanische in seiner reinsten Form wieder: "Die ganze Zeit (...)
wachte er allnächtlich mit diesem Gefühl des Absoluten auf. Es ist
kein Zustand, nichts, was statisch, fest, unbeweglich ist. Das ganze
Universum ist darin eingeschlossen, das der Mensch nicht ermessen
kann (...). Dieses ist das Letzte, der Anfang und das Ende und das
Absolute. Da gibt es nur ein Gefühl unglaublicher Weite und
unendlicher Schönheit" (Lutyens, Krishnamurti, S. 208).
Krishnamurtis Erfahrung ist die Entdeckung der alten Vedantisten,
"im innersten Kern der Seele liege das Zentrum des ganzen Weltalls"
(Rolland, Vivekananda, II, S. 91). Krishnamurti freilich hätte solchen
Kommentar zurückgewiesen, denn hier wird noch mit Vorstellungen
gearbeitet und eben diese müssen hinweg: "Man darf das auf keinen
Fall mit Gott oder dem höchsten Prinzip, dem Brahman, verwechseln
- ja, man darf nicht einmal daran denken -, die Projektionen des
menschlichen Geistes sind, geboren aus Angst und Sehnsucht und aus

dem unnachgiebigen Verlangen nach vollkommener Sicherheit. Es ist nichts von alledem. Das Verlangen kann dieses unmöglich erreichen. Worte können es nicht ergründen, noch kann sich die Kette der Gedanken darum winden. Man kann fragen, wie Du so sicher behaupten kannst, daß das der Ursprung aller Energie ist ? Man kann nur in vollkommener Demut antworten, daß es so ist" (Lutyens, S. 208).

Was hätte Freud dazu gesagt? "Ich selbst kann dies "ozeanische" Gefühl nicht in mir entdecken" (S. 423)[3]. Den Vorstellungsinhalt, den Freud mit dem Ozeanischen verbindet, entlehnt er Grabbes Trost für Hannibal vor dem Suizid: "'Aus dieser Welt können wir nicht fallen'. Also ein Gefühl der unauflösbaren Verbundenheit, der Zusammengehörigkeit mit dem Ganzen der Außenwelt" (S. 423). Die Assoziation Freuds läßt sich verstehen als Hinweis auf ein Problem, das Freud in seinen mittleren Jahren sehr quälte: Ich meine seine von Schur beschriebene Todesfurcht und die Suche nach ihrer Überwindung. Aufschlußreich in dieser Hinsicht sind die Kontexte, in denen das Grabbe-Zitat in den Briefen Freuds erscheint: Er erwähnt es am 2.8.14 an Abraham unmittelbar vor Kriegsausbruch, während der Generalmobilmachung: "Aus dieser Welt können wir nicht fallen, das ist die größte Sicherung".
Das klingt wie eine Beschwörungsformel. Bei Grabbe ist der Kontext der, daß Turnu und Hannibal beschließen, sich durch einen Gifttrunk der Gefangennahme durch die Römer zu entziehen. Turnu: "Wir werfen das alte Fell ab, wie die Schlangen im Frühjahr und sollst sehen, wir bekommen anderswo ein anderes" - Hannibal: "Ja, aus der Welt werden wir nicht fallen. Wir sind einmal drin. - Trink" (V. Akt). Turnu spricht recht eindeutig von Reinkarnation. Davon wollte Freud allerdings nichts wissen. Er hielt die Vorstellung, wiedergeboren zu werden und dabei kein Gedächtnis an die Vorexistenz zu haben, für unsinnig und nutzlos (Viereck, S. 68). Es scheint der Gedanke der Einheit der Welt zu sein, in der alle Formen vergehen und neue entstehen, wobei das Ganze sich erhält, der Freud interessiert.

---

[3] Einfache Seitenangaben beziehen sich immer auf "Das Unbehagen in der Kultur" (G.W. 10).

Lou schrieb ihm zu diesem Thema, auch sie glaube, daß Todesangst etwas Sekundäres sei, denn *"wir ruhen eben in einer Allgeborgenheit* (ich glaube auch, daß primitivste Unsterblichkeitsvorstellungen weniger der Angst entstammen, als vielmehr solche Geborgenheit versinnbildlichen: <u>ursprünglich</u>), aus der uns nur das spitzeste (...) Ichtum in Zweifel und Unruhe aufstört" (15.7.15). Lou hat vielleicht als erste diese Geborgenheitserfahrung und den Ausgang aus ihr mit einem Ursprungszustand verbunden, *"wo der noch garnicht recht objektgelöste, von 'Objekt' wissende Narzißmus zum eigentlichen, sich der Welt gegenübersetzenden Ich erwächst"* (ibid.).
In "Narzißmus als Doppelrichtung" (1921) hat sie das alles detailliert expliziert. Freud reagierte auf Lous Brief genauso wie später auf Rollands Einwand, nämlich widerstrebend: "Die Einheit der Welt scheint mir etwas Selbstverständliches, was der Hervorhebung nicht wert ist. Was mich interessiert, ist die Scheidung und Gliederung dessen, was sonst in einen Urbrei zusammenfließen würde. Auch die Versicherung, die man am schönsten im <u>Hannibal</u> von Grabbe findet: Aus dieser Welt werden wir nicht fallen, scheint mir kein Ersatz für das Aufgeben der Ichgrenzen, das schmerzhaft genug sein mag" (30.7.15) - womit Freud den Tod meint. Man sieht: Freud hing an seinem Ich. Das Ozeanische assoziierte er offenbar mit einem ihm widerstrebenden Verlust der Ichgrenzen. Dennoch hat Freud das Ozeanische <u>nicht</u> pathologisiert, z.B. mit psychotischen Zuständen gleichgesetzt, sondern eben als Relikt, gewissermaßen als "survival" (Überlebsel i.S. Tylors) der Psychogenese gedeutet. Weshalb **Hannibal**?

Freud war von Jugend an mit dem semitischen Feldherrn, der nie nach Rom gelangen konnte, identifiziert. In der Traumdeutung (G.W. 2/3, S. 199f.) deutete Freud diese Identifikation als Reaktion auf die Erniedrigung seines Vaters durch einen Christen, der dem Vater die Mütze vom Kopf schlug und schrie: "Jud, herunter vom Trottoir!" (ebd., S. 203). Zur maßlosen Enttäuschung des Sohnes hatte der Vater sich widerstandslos gefügt, während Hannibals Vater den Sohn schwören ließ, sich an den Römern für alle erlittene Schmach zu rächen.

Die Hannibalidentifikation ist aber auch eine Identifizierung mit dem letztlich tragisch vor dem letzten Ziel scheiternden jüdischen Kulturheros: Der sterbende **Mose** konnte das gelobte Land zwar sehen, aber nicht mehr betreten. Das taucht im Briefwechsel mit Jung wieder auf, wo Jung Freuds Joshua sein soll, das gelobte Land der Psychiatrie für die Psychoanalyse in Besitz zu nehmen (an Jung, 17.1.09).

Kolumbus, eine weitere Identifikationsfigur Freuds, soll nach manchen Quellen jüdischer Abstammung gewesen sein. Er starb im Irrtum über die tatsächliche Bedeutung seiner Entdeckung. Und: "Amerika heißt nicht nach Kolumbus" (G.W. 11, S. 264).

Später werde ich noch auf Freuds Identifizierung mit dem Teufel eingehen. Der Teufel ist der Jude, den der Christ als Sündenbock und Sklaven mißbraucht: In der Legende zwingt der christliche Heilige den Teufel, Materialien zum Bau einer Kirche herbeizuschleppen. Und Rom ist auch das antike, vormals herrliche und freie Wesen, das durch den Sieg des Christentums erniedrigt und beleidigt wurde. Als Freud zum ersten Mal auf dem Forum stand, eine überwältigende Erfahrung "die Erfüllung eines (...) lange gehegten Wunsches (...) ein Höhepunkt des Lebens", stand er vor dem Rest des Minerva-Tempels, von dem er schreibt, er hätte ihn "in seiner Erniedrigung und Verstümmelung anbeten können" (an Fließ, 19.1.1901).[4] Ein Schuldkomplex (den Vater zu übertreffen) wie später der, der die "Erinnerungsstörung auf der Akropolis" (G.W. 16, S. 250) hervorrief, hinderte ihn lange am Betreten der Ewigen Stadt, die er zum Vorbild der Erhaltung alles Psychischen nimmt, denn sie ist wie die große Diana der Epheser (G.W. 8, S. 359), die vom Christentum verdrängt, hinter der Gestalt Mariens verborgen wiederkehrte, ein unsterbliches mütterliches Wesen. Rom hatte für Freud vielleicht die Bedeutung einer "verbotenen" Unsterblichkeitsphantasie.

Eine Parallelstelle zum Grabbe-Zitat, die Freud synonym mit diesem mehrfach zitierte (G.W. 7, S. 220; 10, S. 351), ist den "Kreuzel-schreibern" von **Anzengruber** entnommen.

---

[4] In seinem "Romgleichnis" taucht der alte Minervatempel und die darüber erbaute Kirche namentlich auf (S. 428).

Darin erzählt der Steinklopferhanns, wie er in tiefster Verzweiflung und schwerer Krankheit schon im Tode stehend, eine Eingebung erfuhr: "Es kann dir nix gschehn! (...) - Du ghörst zu dem alln, und dös alls ghört zu dir! Es kann dir nix gschehen!" (Dritter Akt, 1. Szene). Alle Todesangst ist abgefallen.

Der junge **Wittgenstein** sah 1910 in Wien dieses Stück und machte dabei eine tiefe Erfahrung (vergleiche Wittgenstein, Geheime Tagebücher, S. 82, FN 1), die er 1930 so schildert: "Man könnte es das Erlebnis nennen des Gefühls, <u>absolut</u> geborgen zu sein. Ich meine damit den Seelenzustand, in dem man sagen möchte 'Ich bin in Sicherheit, und was auch immer geschehen mag, kann mir nichts anhaben'" (Geheimes Tagebuch, S. 82). In seiner Reflexion darüber sagt er: "Das Paradoxe ist, daß ein Erlebnis, eine Tatsache über-natürlichen Wert zu haben scheint" (ebd., S. 86). Aber <u>das</u> ist nicht beschreibbar. Wenn wir das absolute Urvertrauen beschreiben wollen, rennen wir gegen die Grenzen der Sprache an: *"Dieses Anrennen gegen die Grenzen unseres Käfiges ist völlig und vollkommen hoffnungslos"* (ebd., S. 86). Im "Traktat" schrieb er: "Es gibt allerdings Unaussprechliches. Dies <u>zeigt</u> sich, es ist das Mystische" (6.522). Sein berühmter Schlußsatz - "Wovon man nicht sprechen kann, darüber muß man schweigen" (7) - deutet auf eine Begrenzung, die allen Mystikern bewußt ist: "Darum bedeutet es viel mehr von Gott zu schweigen, als zu reden" (Eckhart, Predigt 36 B, BDK I, S. 396).

Der große Hindu-Heilige **Ramana Maharshi** lehrte meist schweigend: *"Schweigen ist höchst beredt; viel beredter als Vorträge. Der Ur-Meister, Dakshinamurti, ist das Ideal. Er lehrte seine rishi-Schüler schweigend"* (Gespräche, S. 27). Es wird die schiere Unmöglichkeit allen Sprechens über Mystik einbekannt. Nur wer der unverhüllten Wahrheit der Mystik selbst gleichgeworden ist, den Bewußtseinssprung selbst vollzogen hat, versteht sie. Der aber braucht keine Worte mehr und erkennt die Unsinnigkeit der Worte, ihr Gestammel und ihre Hilflosigkeit. So entsteht das Paradox, daß der, der die Worte des Mystikers braucht, sie nicht gebrauchen kann und umgekehrt. Aber damit ist die kommunikative Gemeinschaft zwischen dem Mystiker und uns scheinbar abgerissen.

Es hat wenig kommunikativen Sinn, sich auf das eigene Gefühl zu berufen, denn das tun wir alle, wenn uns die Gründe ausgehen. Wenn wir uns auf unser Gefühl, unsere Erfahrung berufen und der andere findet dasselbe nicht in sich, so sind wir schnell fertig mit ihm und müssen erklären, ihm nichts mehr zu sagen zu haben. Andererseits ist der Intellekt zwar die Basis einer möglichen Verständigung, aber er selbst kann die spirituelle Wirklichkeit nicht erreichen.

Hegel etwa, der besonders scharf gegen die Berufung auf das Orakel des Gottgefühls polemisierte (W. 16, S. 129) und darauf bestand, daß Gott wesentlich im Denken sei, hat sicherlich dies Gottdenken in höchste Höhen getrieben (ich gehe darauf noch ein), nur bezweifle ich, daß außer Hegel selbst auf diesem Wege einer zu Gott gelangen konnte. Aber sicher ist, daß der Intellekt Suche auslösen kann, mystische Erfahrung zwar nicht herbeiführen, aber, wenn sie sich einstellte, klären kann (bis zu einem gewissen Grad) und ein hervorragendes Instrument ist, Verschwommenes, Irrationales, Illusionäres zu identifizieren und von der echten mystischen Erfahrung auszuscheiden. Wenn Freud sagt: "Mystik, die dunkle Selbstwahrnehmung des Reichs außerhalb des Ichs, des Es" (G.W. 17, S. 152) - dann ist das genau jene Pseudomystik, um die es bei der "taghellen Mystik" (Musil), wie wir sie bei Rolland und den anderen hier noch ausführlich zu zitierenden Meistern antreffen, gerade nicht geht. Man soll, wie **Wilber** (Mut und Gnade, S. 222) stets betont, "prä-" und "trans-" nicht verwechseln. Pseudomystik ist prä- oder irrational. Mystik ist arational, über die Ratio hinaus. Insofern das Wort "Gefühl" für Irrationales steht, ist es keine glückliche Bezeichnung für das Mystische. Insofern es aber den unmittelbaren, jedes rational-vermittelte Schlußverfahren suspendierenden "Erfahrungscharakter" ("religious experience" wie W. James sagt) des Mystischen betont, ist es gut gewählt. Man muß endlich doch fortfahren, mit Worten und Begriffen auf Verständigung zu dringen und dabei sich stets die immensen Hindernisse der Kommunikation vor Augen halten.

Freuds Versuch, das Ozeanische abzuleiten, führt auf das Postulat eines primären allumfassenden Ich-Gefühls zurück: "Ursprünglich enthält das Ich alles, später scheidet es eine Außenwelt von sich ab" (S. 425).

Freuds Reduktion ist nicht neu. Vor ihm war es **F. Morel**, der die mystische Introversion (1918) als *"Zurückgehen bis in den Mutterschoß"* (zit. n. Rolland, Vivekananda, II, S. 216, Fn 2), als Wiederherstellung des primären narzißtischen Zustands gedeutet hatte. Rolland hielt darauf den "gelehrten Kündern des Unbewußten" entgegen, sie würden alles das, was sie von dieser unbekannten Welt verschwommen erkennten, immer wieder mit den Maßen der ihnen bekannten Welt messen (ebd., S. 219). Der Psychopathologie dieses Schlages wirft er vor, sie verkenne "die streng wissenschaftlichen Elemente jener Introversion und die große Bedeutsamkeit der dort niedergelegten Erfahrungen hinsichtlich vollständiger Wahrnehmung des Wirklichen und seiner geistigen Durchdringung" (ebd., S. 8). Dieser letztere Vorwurf trifft nicht auf **Ferenczi** zu, der schreibt: "Der religiöse Mensch ist selbstlos, indem er sein Selbst aufgibt, das primordiale Leben ist selbstlos, weil es noch kein entwickeltes Selbst hat. Der selbstische Mensch schließt sich mit Hilfe seiner Reizschutzmechanismen, wie durch eine Haut, von der Außenwelt zu einem großen Teile ab. Beim Säugling sind diese Schutzvor‑richtungen noch unentwickelt, so daß der Säugling auf einer viel breiteren Oberfläche mit der Umwelt kommuniziert" (Klin. Tagebuch, 30.6.32, S. 205). An anderer Stelle: "Die Tatsache des <u>Sich-selbst-fühlens</u> postuliert die Existenz eines Nicht-Ich, <u>Ich ist eine Abstraktion</u>. Vor dieser Abstraktion müssen wir das Ganze (Universum) gefühlt haben" (ebd., S. 212f.).

Ferenczis Überlegungen zum "weisen Säugling" scheinen überraschende Unterstützung von einem apokryphen Jesus-Wort zu erhalten: "Jesus sah, wie kleine Kinder gesäugt wurden. Er sagte zu seinen Jüngern: Diese kleinen Kinder, die gesäugt werden, gleichen denen, die ins Reich eingehen. Sie sagten zu ihm: Werden wir, in dem wir klein sind, ins Reich eingehen? Jesus sprach zu ihnen: Wenn ihr die zwei zu eins macht und wenn ihr das Innere wie das Äußere macht und das Äußere wie das Innere und das Obere wie das Untere, und wenn ihr das Männliche und das Weibliche zu einem Einzigen macht (...) dann werdet ihr ins Reich eingehen" (Dietzfelbinger, Apokryphe Evangelien, S. 198f.). Was Jesus hier ausdrückt, heißt im Zen "Nicht-Zwei", im Hinduismus (bei Shankara) "Advaita", bei Cusanus "coincidentia oppositorum".

Der Erleuchtete hat die Welt der Dualität hinter sich gelassen, der Säugling hat sie noch vor sich. Im Säugling ist Nicht-Dualität - so auch im Weisen, aber deshalb hat der Säugling noch lange kein Wahrheitsbewußtsein. Im Säugling ist völlig unbewußt, was dem Weisen höchst bewußt ist. Wichtig ist, daß Selbst-Bewußtsein erst möglich ist, wo Unterscheidung gesetzt ist. Im Säugling ist Einheit, im Weisen ist Einheit. Aber die Verschiedenheit der Bestimmung dieser Einheit macht den Unterschied zwischen dem archaischen und dem integralen Bewußtsein (Gebser). Ich komme noch darauf zu sprechen.

Freud sagte, sich in den Säugling versetzend: "Das Kind drückt die Objektbeziehung gern durch die Identifizierung aus: ich bin das Objekt. (...) Muster: Brust. Die Brust ist ein Stück von mir, ich bin die Brust. Später nur: ich habe sie, d.h. ich bin sie nicht. ...." (G.W. 17, S. 151).

Der Weise ist sich bewußt: Ich bin die Welt. Sein "Nicht-Wissen" ist anders als das des Säuglings. Die kühne Phantasie Ferenczis erlaubte ihm jedoch auch auf diesem Gebiet geniale Ausblicke und erstaunliche Gedankenexperimente: "Die gewagten Suppositionen über den Kontakt eines Einzelnen mit dem ganzen Universum, muß (sic!) nicht nur von dem Standpunkte betrachtet werden, daß dieses Allwissen den Einzelnen zu besonderen Leistungen befähigt, sondern (und das ist das paradoxeste was vielleicht je gesagt wurde) daß ein solcher Kontakt auch auf das ganze Universum humanisierend wirken kann" (Klin. Tagebuch, 28.6.32, S. 203). Ferenczi schrieb dies unter der Überschrift: <u>Utopie: Ausschaltung der Haßimpulse, Beendigung der blutracheartigen Kette von Grausamkeiten; fortschreitende Zähmung der ganzen Natur durch Erkenntnis-Kontrolle</u>" (ebd.).

Ähnlich kühn hatte Lou schon 1912 aus dem Freudschen Begriff der Überdetermination den weitaus umfassenderen der "Allwechselwirkung" abgeleitet: *Die Wechselwirkung von allem mit allem muß aber nur bis in ihre letzten Konsequenzen aufgenommen sein, um das zu haben, wodurch man bei Spinoza aus der empirischen Bewegung in die Ewigkeitsruhe seiner Philosophie kommt (...)*" (In der Schule bei Freud, S. 69).

Lou nannte **Spinoza** den "Philosoph der Psychoanalyse" (ibid.), dessen Bedeutung im Kreis um Freud vor allem auch durch Viktor Tausk erkannt wurde. Das Thema "Spinoza und die Psychoanalyse" ist zu komplex, um hier gebührend gewürdigt werden zu können.
Allein die Tatsache, daß Spinoza eine äußerst differenzierte Affekttheorie ausarbeitete (3. u. 4. Teil seiner "Ethik"), hätte ihm längst das analytische Interesse sichern müssen. Doch nur Erich Fromm scheint Spinozas Bedeutung zu sehen, jedoch verwendet er ihn einseitig - wenn auch völlig zutreffend in der Sache - gegen Freuds Triebtheorie. Spinoza nämlich definiert Lust als eine Leidenschaft, wodurch der Geist zu größerer Vollkommenheit übergeht und umgekehrt Unlust (Ethik III, 11. Lehrsatz). Daraus ergibt sich eine Art Trieb zur Vollkommenheit - eine Bewegung des Menschen zu Gott. Die Erfüllung, der Höhepunkt der Philosophie ist dann die intuitive Erkenntnis 'sub specie aeternitatis' (V, 30. Lehrsatz) des Einsseins mit der göttlichen "Substanz" und die davon unzertrennliche Gottesliebe "amor intellectualis Dei" (V, 33. Lehrsatz). Die göttliche Substanz fließt in alle Dinge ein, manifestiert sich in allem, ohne selbst dabei der Begrenzung und Zerteilung zu unterliegen, sondern vielmehr stets in göttlicher Einheit verbleibend, wie das 1. Buch der Ethik lehrt. Dies muß an dieser Stelle genügen. Es ist also völlig legitim, Spinozas Ansatz als Einsicht in die "Allwechselwirkung" zu verstehen, auch wenn der Begriff der Wechselwirkung von Hegel (der wesentlich von Spinoza beeinflußt ist) stammt. Aber, daß alle Dinge wechselseitig bedingt sind, ist ursprünglich älteste buddhistische Erkenntnis, unter dem Terminus "Pratîtyasamutpâda" als einer der Grundpfeiler der buddhistischen Lehre bekannt (Panikkar, S. 98f.).

So ist es eben meist nur das kulturell Abgewehrte oder das längst Vergessene oder das nicht mehr verstandene Alte, das in moderner Auffrischung und behaftet mit allen Unzulänglichkeiten einer noch unausgearbeiteten "Neuentdeckung" sich als scheinbar neue Erkenntnis aufdrängt. Verstünden es die Menschen doch aus ihrer Geistesgeschichte zu lernen!

(II)

Folgen wir zunächst dem Freudschen Gedankengang im zweiten Kapitel:

Das Leben ist zu schwer für uns, ohne "Hilfskonstruktionen" nicht zu ertragen. Ein Lebenszweck ist nicht erkennbar. Schon der Glaube, einen solchen Sinn finden zu können, ist Ausdruck menschlicher Hybris. Unbezweifelbar aber ist, was die Menschen im Leben suchen: das Glück. Sie folgen darin dem Programm des Lustprinzips. Doch das menschliche Glücksstreben ist ebenso unaufgebbar wie unerfüllbar: "Die Absicht, daß der Mensch 'glücklich' sei, ist im Plan der 'Schöpfung' nicht enthalten" (S. 434). Es folgt eine Aufzählung der Techniken der Leidabwehr und der Erweis, daß sie alle letztlich das Leiden nicht fernhalten können, das aus der Zerbrechlichkeit des Leibes, der Unerbittlichkeit der Außenwelt, den notwendig konflikthaften, leiderzeugenden menschlichen Beziehungen stammt: Rauschmittel bringen Realitätsverlust und Abhängigkeit mit sich; Abtötung der Triebe tötet das Leben gleich mit ab; Sublimierung, Wissensdrang, Freude am kreativen Schaffen, sind nur wenigen zugänglich und bringen nur mäßige Lust im Vergleich mit den Erschütterungen unserer Leiblichkeit in der direkten sexuellen Befriedigung. Das Streben, über die Erotik zum Glück zu gelangen, ist aber das allerverwundbarste: "Niemals sind wir ungeschützter gegen das Leiden, als wenn wir lieben, niemals hilfloser unglücklich, als wenn wir das geliebte Objekt oder seine Liebe verloren haben" (S. 441). Es folgt daraus:

"Das Programm, welches uns das Lustprinzip aufdrängt, glücklich zu werden, ist nicht zu erfüllen, doch darf man - nein, kann man - die Bemühungen, es irgendwie der Erfüllung näherzubringen, nicht aufgeben" (S. 442).

Auch die Religion, die uns alles verspricht, Sinn und Seligkeit, kann nichts davon halten. Denn der aufgeklärte, von ihr frei gewordene Geist muß erkennen, daß sie - zumindest so, wie der kleine Mann sie glaubt (und der Gott der Philosophen ist ein dürres Gespenst, von dem man nicht leben kann) - eine haltlose Illusion ist, geboren aus der Hilflosigkeit des Menschenkindes.

Die Religion hält die Menschen infantil durch Hemmung des Denkens und Einschüchterung der Intelligenz. Sie entwertet das Leben, setzt einen Massenwahn, der freilich vielen die Neurose erspart, an die Stelle nüchterner, aber schwer erträglicher Illusionslosigkeit. Wer im Unglück schließlich doch nur aufgefordert wird, sich dem unerforschlichen Ratschluß des Allmächtigen zu unterwerfen, der hätte sich den Umweg sparen können, hätte er sich gleich der Realität gebeugt.

In der Einsicht in die Nichtigkeit und das Leiden des Lebens stimmt Freud beinahe völlig mit **Schopenhauer** überein: *"Alles im Leben giebt kund, daß das irdische Glück bestimmt ist, vereitelt oder als eine Illusion erkannt zu werden"* (WWV II/2, S. 670). Schopenhauer ging noch weiter: Nicht nur ist keinerlei Absicht, daß die Menschen glücklich werden sollen, im Schöpfungsplan enthalten, mehr noch: die höllenartige Qual, die das Leben aufweist, scheint eben gerade die Absicht anzuzeigen, daß der Mensch sich <u>nicht</u> glücklich darin fühlen solle, den Irrtum der Lustsuche erkenne und sich von ihm erlöse - durch Verzicht auf das Lustprogramm und seine Überwindung in der Verneinung des Willens zum Leben (WWV II/2, S. 744).
Bei Schopenhauer sind die Welt und das Leben Ausdruck eines blinden Willens (dem Freudschen, ebenfalls ins Kosmische reichenden Eros analog), der im Menschen sehend wird, sich das Licht des Bewußtseins anzündet und im Weisen sich verneinen und vom Leben ganz abwenden kann: "Dem Willen, der sich nicht verneint, verleiht jede Geburt einen neuen und verschiedenen Intellekt - bis er die wahre Beschaffenheit des Lebens erkannt hat und in Folge hievon es nicht mehr will" (WWV II/2, S. 747).
Freud antwortete auf die Frage, ob er unsterblich sein oder wiedergeboren werden wolle: "Offengestanden, nein. Wenn man die selbstsüchtigen Gründe erkennt, die allen menschlichen Handlungen zugrundeliegen, hegt man nicht den geringsten Wunsch wiederzukehren" (Viereck, S. 68).
Es war für Freud ein Trost, "zu wissen, daß die ewige Plage des Daseins ein Ende nimmt" (ebd., S. 68). Freud wehrte sich zugleich dagegen, als Weltverächter oder Pessimist zu erscheinen (ebd., S. 79).

Man sieht, daß Freud die Frage der Bejahung oder Verneinung des Willens zum Leben, die bei Schopenhauer eine Frage des Bewußtseins ist, als Antagonismus in den Willen selbst verlegt: Der Wille polarisiert sich in den Willen zum Leben und den Willen zum Tode.[5] Freud sagte sogar : "Es ist möglich (...), daß der Tod keine biologische Notwendigkeit ist. Vielleicht sterben wir, weil wir sterben wollen" (ebd. S. 69). Doch Freud blieb <u>Dualist</u>: "Der Tod ist der Gefährte der Liebe. Zusammen regieren sie die Welt" (ebd., S. 69). Zweifellos ist das, was Schopenhauer als pessimistische Erkenntnis faßt, nämlich, daß das Nichtsein der Welt ihrem Dasein entschieden vorzuziehen sei, "denn Alles was entsteht, ist wert, daß es zugrunde geht. Drum besser wär's, daß nichts entstünde" (Faust I, 1339 zit. n. WWV II/2, S. 674) genau jene Tendenz, die Freud, dieselben Worte Mephistos wählend (G.W. 14, S. 480 FN 1), als Wesen des Thanatos ansieht. Doch ist damit noch nicht die Schopenhauersche Lösung des Irrtums, des Unglücks, in dem wir leben, erfaßt.
Um zu zeigen, wie nahe Freud Schopenhauers Philosophie nach eigenem Geständnis (G.W. 13, S. 53) kam und wie fern er dem innersten Geheimnis dieser Philosophie blieb, muß ich hier einen kurzen Exkurs versuchen, der mit Schopenhauers Interpretation von Kant und Plato einsetzt.

Exkurs: Schopenhauer

Kant lehrt, daß Kausalität, Raum und Zeit nicht Eigenschaften des Dinges an sich sind, sondern Formen des Bewußtseins. Sie sind der Erscheinung der Dinge zuzurechnen, und sie sind die <u>Bedingungen</u> für Vielheit, Entstehen und Vergehen. Also sind auch letztere Erscheinung. Weil unser erkennendes Bewußtsein aber durch Raum, Zeit und Kausalität geprägt ist, kennen wir nur Erscheinungen, nicht das Ding an sich.

---

[5] Wie ich später zu zeigen versuche, ist es eine tiefere Auffassung des Lebens– und Todeswillen, einen Willen zum Sein von einem Willen zum Nichts zu unterscheiden.

Das gilt auch für unser Ich - nur seine Oberfläche ist uns zugänglich (vgl. WWV I/1, S. 223). **Platon** nun sagt, daß die endlichen Dinge gar kein wahres Sein haben: "sie werden immer, sind aber nie" (ebd., S. 223), haben also nur relatives Sein, sind und sind nicht. Daher sind sie auch nicht Objekte wirklicher Erkenntnis, denn diese kann es nur von dem geben, was an und für sich immer auf die gleiche Weise ist. Solange wir in unserem gewöhnlichen Bewußtsein gefangen sind, gleichen wir den Platonschen Höhlenbewohnern, die, festgebunden, den Kopf nicht drehen können und nur die an die Höhlenwand projizierten Schattenbilder der Objekte sehen, die zwischen ihnen und dem Feuer vorbeibewegt werden. Und auch von sich selbst sehen sie nur Schatten. Alles, was die Höhlenhocker lernen, ist, die Reihenfolge der Schatten vorherzusagen.

Was aber nun wirklich seiend ist, weil es immer ist, aber nie wird noch vergeht, sind die realen Urbilder jener Schattenbilder, die ewigen Ideen, die bildlosen Urformen aller Dinge. Jede Idee ist ohne Vielheit, nur Eines. Vielheit sind nur ihre Nachbilder der selben Art. Die Ideen sind nicht Raum, Zeit und Kausalität unterworfen. Ideen sind das, wovon allein es wahre Erkenntnis gibt. Kant und Plato gemeinsam ist, daß die gewöhnliche Welt als Erscheinung an sich nichtig ist und nur durch das in ihr sich Manifestierende (Idee, Ding an sich) eine geborgte Realität und geliehenes Sein besitzt. Durch die Formen des Bewußtseins (Raum, Zeit, Kausalität) stellt sich nach Schopenhauer das eigentliche <u>eine Wesen</u> als Vielheit stets von Neuem entstehender und vergehender Dinge dar, in endloser Succession.

"Wie eine Zauberlaterne viele und mannigfaltige Bilder zeigt, es aber nur eine und dieselbe Flamme ist, welche ihnen allen die Sichtbarkeit erteilt; so ist in allen mannigfaltigen Erscheinungen, welche nebeneinander die Welt füllen oder nacheinander als Begebenheiten sich verdrängen, doch nur der <u>eine Wille</u> das Erscheinende, dessen Sichtbarkeit, Objektität, das Alles ist, und der unbewegt bleibt mitten in jedem Wechsel; er allein ist das Ding an sich: alles Objekt aber ist Erscheinung, Phänomen, in Kants Sprache zu reden" (WWV I/1, S. 205).

Es gibt nun eine intuitive Erkenntnis, in der das Gefängnis des gewöhnlichen Bewußtseins verlassen wird, der Höhlenhocker sich befreit und ins Licht der Sonne tritt, zum ersten Mal die Dinge so sehend wie sie sind. Schopenhauer hat das als junger Mann als Inspiration empfangen und in seinem Notizbuch das *"bessere Bewußtseyn"* (HN I, S. 42) genannt, das "jenseits von Raum und Zeit" wurzelt. Er hat davon etwas in seinem Hauptwerk wiederzugeben versucht, ausgehend von der Kontemplation eines natürlichen Gegenstandes (Fels oder Baum etwa), in den man sich ruhig versenkt, "in dem man (...) sich gänzlich in diesen Gegenstand <u>verliert</u>, d.h. eben sein Individuum, seinen Willen vergißt und nur noch als reines Subjekt als klarer Spiegel des Objekts bestehen bleibt; so daß es ist, als ob der Gegenstand allein da wäre, ohne Jemanden, der ihn wahrnimmt, und man also nicht mehr den Anschauenden von der Anschauung trennen kann, sondern beide eines geworden sind (...) dann ist, was also erkannt wird, nicht mehr das einzelne Ding als solches, sondern es ist die Idee, die ewige Form, die unmittelbare Objektivität des Willens auf dieser Stufe: und eben dadurch ist zugleich der in dieser Anschauung Begriffene nicht mehr Individuum: denn das Individuum hat sich eben in solcher Anschauung verloren: sondern er ist <u>reines</u>, willenloses, schmerzloses, zeitloses Subjekt der Erkenntniß" (WWV, I/1, S. 232).

Robert Musil nannte diesen *"anderen Zustand"* die *"taghelle Mystik"* (Musil, S. 1089), die sich einstellt, wenn der Keil zwischen Subjekt und Objekt ausspringt. Das Nämliche nennt Gebser - ich werde seinen Ansatz noch genauer ausführen - die "Welt ohne Gegenüber", die vom raum-, zeit- und ichfreien "aperspektivischen Bewußtsein" realisiert wird. "Das reine Subjekt der Erkenntniß und sein Korrelat, die Idee, sind aus allen jenen Formen des Satzes vom Grunde herausgetreten: die Zeit, der Ort, das Individuum welches erkennt, und das Individuum welches erkannt wird, haben für sie keine Bedeutung" (WWV I/1, S. 233). Schopenhauer weiter: "Wie aber sollte, wer dieses fühlt, sich selbst für absolut vergänglich halten? Ihn wird vielmehr das Bewußtseyn dessen ergreifen, was der Upanischad der Veda ausspricht: 'Alle diese Geschöpfe insgesamt bin ich und außer mir ist kein anderes Wesen'" (WWV I/1, S. 235).

Das also ist der Kern der Verneinung des Willens, über den sich sonst nichts positiv sagen läßt, außer der Hinweis auf die Namen "Ekstase, Entrückung, Erleuchtung, Vereinigung mit Gott", was aber "nur der eigenen nicht weiter mittheilbaren Erfahrung zugänglich ist" (WWV II/2, S. 506).

Obwohl Schopenhauer Spinozas "sub specie aeternitatis" ausdrücklich mit dieser Erfahrung identifiziert, so lehnt er doch Spinozas Gedanken ab, daß die Welt eine Selbstmanifestation Gottes sei, ein Spiel oder eine Spiegelung Gottes in sich selbst, ebenso wie den Gedanken, Gott als in "Evolution mit sich selber" (WWV II/2, S. 675) begriffen aufzufassen, was auf Hegel (und später Aurobindo) hinausläuft. Sein Weg: Selbstaufhebung des Willens ins Nichts, ist aber alles andere als nihilistisch und erscheint nur dem, der im Willen befangen bleibt, als leeres Nichts: "Ein umgekehrter Standpunkt, wenn er für uns möglich wäre, würde die Zeichen vertauschen lassen, und das für uns Seiende als das Nichts und jenes Nichts als das Seiende zeigen" (WWV II/2, S. 506).

Diese lange Abschweifung war nötig, um zu zeigen, daß Freuds Verschlossenheit vor der Mystik ihn auch hier bei der Rezeption des ihm so wesensverwandt erscheinenden Philosophen hinderte, sich dessen ganze Tiefe zu erschließen.

(III)

Ich nehme den Gedankengang Freuds wieder auf: Es entsteht der Verdacht, daß die Kultur selbst, der wir doch alle Techniken der Leidabwehr verdanken, leiderzeugend ist. Wären wir nicht glücklicher ohne die Einschränkungen, die sie uns auferlegt? Hat nicht die Psychoanalyse das Ausmaß der Triebunterdrückung, das die Kultur fordert, als zu groß, dem Menschen unzuträglich und als eine Hauptursache der Neurose erkannt? Feststeht, "daß wir uns in unserer heutigen Kultur nicht wohl fühlen" (S. 447), daß auch die technischen Errungenschaften, die den Menschen zum "Prothesengott" (S. 451) machen, ihn keineswegs glücklicher machen konnten. Wenn die Funktionen der Kultur vor allem dazu dienen sollen, die Menschen vor der Zerstörungskraft der Natur und vor sich selbst zu schützen, d.h. die Beziehungen untereinander zu regeln, so muß die kulturlose Barbarei, die Willkür einzelner Mächtiger gebrochen werden, durch eine Gemeinschaft, die stärker ist als jeder Einzelne, gegen jeden Tyrannen zusammenhält und in freiwilliger Selbstbeschränkung dem demokratischen Recht Geltung verschafft.
Der Mensch wird sich nie in einen "Termiten" umwandeln lassen. Sein Freiheitsdrang wird sich immer gegen ungerechte Formen der Kultur auflehnen. Die Auflehnung gegen die Kultur kann aber auch dem barbarisch gebliebenen Bereich der Persönlichkeit selbst entstammen und ist dann an sich kulturfeindlich.

Freud bezeichnet es als eines der "Schicksalsprobleme" (S. 456) der Menschheit, für den natürlichen Antagonismus zwischen dem individuellen Freiheitsdrang und dem Gruppen- (oder Gesellschafts-) Anspruch immer neue vermittelnde Lösungen finden zu müssen. Er spricht sich deutlich gegen das "Vorurteil" aus, "Kultur sei gleichbedeutend mit Vervollkommnung, sei der Weg zur Vollkommenheit, die dem Menschen vorgezeichnet ist" (S. 456).

Wiederholt betonte Freud, eine Tendenz des Menschen sich zu vervollkommnen, ein Trieb zur Höherentwicklung sei nirgendwo zu erkennen - eine Einstellung, die er mit Schopenhauer teilt.

In 'Jenseits des Lustprinzips' hob Freud die konservative Natur der Triebe, ihre Tendenz, einen ursprünglichen Zustand wiederherzustellen, so sehr hervor, daß er allen Fortschritt im Lebensweg der Lebewesen gar als von außen, durch die physikalischen Bedingungen dem Lebewesen aufgezwungenen und dann ins genetische Programm eingebauten Umweg zum an sich gesuchten Ziel des alsbaldigen Erlöschens im Anorganischen ansehen konnte: "Die konservativen organischen Triebe haben jede dieser aufgezwungenen Abänderungen des Lebenslaufes angenommen und zur Wiederholung aufbewahrt und müssen so den täuschenden Eindruck von Kräften machen, die nach Veränderung und Fortschritt streben, während sie bloß ein altes Ziel auf alten und neuen Wegen zu erreichen trachten" (G.W. 13, S. 40). Das alte Ziel ist aber die Rückkehr in das anorganische Vorher des Lebens: "<u>Das Leblose war früher da als das Lebende</u>" (id.).

Daher: "<u>Ziel allen Lebens ist der Tod</u>" (ibid.). Freud zitiert Platons Kugelmythos, die Upanishaden und Empedokles als Belegstellen für eine mythische Vorwegnahme seiner Theorie (G.W. 13, S. 62f.). In Wahrheit verhält es sich umgekehrt. Bei Platon und in den Upanishaden wird durch die von Freud zitierten Bilder ausgedrückt, daß es einen göttlichen Ursprung gibt, der selige Einheit ist, daß der Mensch aus diesem Ursprung in die leidvolle Welt der Dualität stürzte - das Zerschneiden der kugelförmigen Ganzheit in duale, leidende Hälften - und daraus wieder in den Zustand der Einheit in der Gottheit zurückstrebt.
Die Triebe drücken diese Sehnsucht nach dem Ursprung aus. Während im Ursprung Sein und Nichts zusammenfallen, so daß paradox von einer Fülle des Nichts oder Leere des Seins gesprochen werden könnte, treten durch die Schöpfung endlicher Formen Sein und Nichts zu Polaritäten auseinander, deren Kräfte als Eros - Suche nach dem Sein - und Thanatos - Suche nach dem Nichts - gedeutet werden können. So verkörpern beide Triebe die Sehnsucht nach dem Ursprung und verfolgen letztlich dasselbe Ziel, aber auf einander polar entgegengesetzten Wegen.

Freud hat eine tiefe mystische und metaphysische Erkenntnis zu biologisieren versucht, darin liegt sein Irrtum. Aber er hat klar die Inklination beider Triebe zum Ursprung hin erkannt - auch wenn er diesen Ursprung nicht als die Gottheit erkannte, sondern als leblose <u>Materie</u> verkannte. Freud war durch seinen Materialismus verhindert, die wahre Größe seiner Entdeckung zu erkennen.

Ich bin mir natürlich darüber im Klaren, daß kein anerkannter Analytiker heute öffentlich (zumindest soweit mir bekannt ist) eine solche metaphysische Auffassung der Triebe vertritt und daß ich mit dieser Sicht isoliert dastehe.[6]

Zurück zu Freuds Text: So erscheint die Kulturentwicklung *"als ein eigenartiger Prozeß, der über die Menschheit abläuft"* (S. 456).

Sinn und Wesen dieses Prozesses stehen zur Klärung an. Merkwürdig berührt, wie sehr die großartige Schilderung eines in Blüte stehenden, geordneten Gemeinwesens (S. 451) der Vision Fausts gleicht, unmittelbar vor seinem Tode, den Mephisto vorausweiß: "In jeder Art seid ihr verloren; - Die Elemente sind mit uns verschworen und auf Vernichtung läuft's hinaus" (11548f.). Das Todesthema spielt bei Freud stets mit.

Im Grunde bleiben die Mechanismen, die Freud als Beispiele der Kulturentwicklung anführt, die verschiedenen Triebumsetzungen etwa der Analerotik, eher Randphänomene, die den Kulturprozeß selbst nicht erklären; oder aber sie sind, wie die Sublimierung, einfach selbst ein unerklärtes Rätsel.

---

[6] Als einer der wenigen, die die Todestriebtheorie philosophisch würdigten, ist Caruso zu nennen, der das "Nirvana-Prinzip" versuchsweise mit Anaximanders Lehre in Beziehung setzt, diesen nach Diels zusammenfassend: "Anfang und Ursprung der seienden Dinge ist das Apeiron (das grenzenlose Unbestimmbare) ... Das Apeiron ist ohne Alter ... Das Apeiron ist ohne Tod und ohne Verderben" (Caruso, S.190) - doch nimmt er diese großartige Deutung, die genau meiner Interpretation entspricht, sofort zurück: - "Mit dem Todestrieb ist doch wohl anderes gemeint" (ibid.). Daß Caruso intensiv das Evolutions-modell Teilhard de Chardins diskutiert (ebd., S. 203ff.), macht seinen Ansatz besonders interessant, denn Teilhard stimmt in wesentlicher Hinsicht mit Gebser und Aurobindo, deren Gedanken ich noch vorstellen werde, überein. Doch dies ist nicht der Ort, das alles in der Ausführlichkeit zu diskutieren, die an sich dem Gegenstand gebührte.

Sicher aber fühlt sich Freud in der Einschätzung *"in welchem Ausmaß die Kultur auf Triebverzicht aufgebaut ist, wie sehr sie gerade die Nichtbefriedigung (Unterdrückung, Verdrängung oder sonst etwas?) von mächtigen Trieben zur Voraussetzung hat"* (S. 457).

Diese Auffassung ist ein Kernstück der Freudschen Kulturtheorie. Die Kulturversagung ist Ursache der Kulturfeindlichkeit, was ein prekäres, stets vom Umsturz bedrohtes Spiel der Kräfte etabliert: Einerseits müssen den Trieben Energien für die Kulturarbeit entzogen werden, andererseits ist dieser nicht leicht zu verstehende Vorgang auch gefährlich: Kann man keine Entschädigung für die Versagung geben, so muß man sich auf ernste Störungen gefaßt machen (S. 457).

"Die menschliche Kultur ruht auf zwei Stützen, die eine ist die Beherrschung der Naturkräfte, die andere die Beschränkung unserer Triebe. Gefesselte Sklaven tragen den Thron der Herrscherin. Unter den so dienstbar gemachten Triebkomponenten ragen die Sexualtriebe (...) durch Stärke und Wildheit hervor. Wehe, wenn sie befreit würden; der Thron würde umgeworfen, die Herrin mit Füßen getreten werden. Die Gesellschaft weiß dies und - will nicht, daß davon gesprochen wird" (G.W. 14, S. 106). Das eben ist die "Kulturheuchelei", die Freud beklagt.

"Die Psychoanalyse deckt die Schwächen dieses Systems auf, und rät zur Änderung derselben. Sie schlägt vor, mit der Strenge der Triebverdrängung nachzulassen und dafür der Wahrhaftigkeit mehr Raum zu geben" (G.W. 14, S. 107).

Das Freudsche Gleichnis geht vielleicht auf Nietzsche zurück:
"Deshalb dürfen wir auch die herrliche Kultur mit einem bluttriefenden Sieger vergleichen, der bei seinem Triumphzuge die an seinen Wagen gefesselten Besiegten als Sklaven mitschleppt: als welchen eine wohltätige Macht die Augen verblendet hat, so daß sie, von den Rädern des Wagens fast zermalmt, doch noch rufen: 'Würde der Arbeit!', 'Würde des Menschen!' Die üppige Kleopatra Kultur wirft immer wieder die unschätzbarsten Perlen in ihren goldenen Becher: Diese Perlen sind die Tränen des Mitleidens mit den Sklaven und mit dem Sklavenelende" (S.A. III, S. 279).

Nietzsche hat diesen von ihm am Beispiel der griechischen Kultur aufgewiesenen Unterdrückungszusammenhang (auf den Rücken von Sklaven wird eine Kunstwelt erzeugt) ausdrücklich gerechtfertigt. Er verlieh seiner Überzeugung Ausdruck, daß zum Wesen einer Kultur das Sklaventum gehöre (ebd., S. 278).

Freud war von einer solchen Apotheose der Unterdrückung weit entfernt, aber seine Andeutungen über den Sieg des Christentums über die heidnischen Religionen, bei dem er einen kulturfeindlichen Faktor erkannte, der sich auch in der christlichen Entwertung des Lebens ausdrücke (S. 445), scheinen ebenfalls auf Nietzsche zurück-zudeuten, der das Christentum als *"Sklavenaufstand in der Moral"* (S.A. II, S. 782) sah, als Moral der Unterdrückten, die ihre Triebe nicht ausleben können und über diese Versagung zur Wendung der Grausamkeit nach innen und zu einer asketischen, lustfeindlichen Gewissensbildung gelangen (S.A. I, S. 825), die schließlich unter dem Siegeszeichen des ans Kreuz geschlagenen Gottes eine Umkehrung der antiken, triebbejahenden Grundein-stellung herbeiführen konnte. Dieser Gedanke, daß nicht abgeführte Aggression das Gewissen grausamer macht, stammt also von Nietzsche - Freud hat ihn im 7. Kapitel seiner Kulturschrift neu entdeckt.

An der entsprechenden Stelle werde ich noch darauf eingehen, daß auch Nietzsche ein Anwachsen des Schuldgefühls in der Kultur beobachtete. Es verwundert nicht, daß Nietzsche, den Freud als "einen der ersten Psychoanalytiker" (Viereck, S. 77) bezeichnete, auch in seiner Anthropologie Freud sehr nahe kam, etwa in seiner schlaglichtartigen Charakteristik der condition humaine: "wie auf dem Gierigen, dem Unersättlichen, dem Ekelhaften, dem Erbarmungslosen, dem Mörderischen der Mensch ruht, in der Gleichgültigkeit seines Nichtwissens und gleichsam auf dem Rücken eines Tigers in Träumen hängend" (KGW, II/2 S. 253f.).

(IV)

Wie aber ist die Kulturentwicklung entstanden und wodurch wurde ihr Lauf bestimmt? Im Gegensatz zur periodischen Brunft der Tiere ist das sexuelle Begehren des Menschen ein dauerndes. Dies motiviert den dauerhaften Familienzusammenschluß. Mit dem Übergang zum aufrechten Gang treten Gesichtsreize an die Stelle des Geruchs - die Menstruation verfällt so dem Tabu der "organischen Verdrängung".
"Dieser Vorgang wiederholt sich auf anderem Niveau, wenn die Götter einer überholten Kulturperiode zu Dämonen werden" (S. 459, Fn 1).
Freud wiederholt darauf kurz seine Thesen aus 'Totem und Tabu', den Weg des Menschen von der Urhorde mit dem tyrannischen Männchen zum totemistischen Brüderclan als erster Kulturorganisation mit Tötungs- und Inzesttabu. Dann wendet er sich erneut der Liebe als Kulturmacht zu und faßt jene wenigen Personen ins Auge, die, konstitutionell wie er glaubt, fähig sind, zu lieben und zwar alle Menschen und ohne Gegenliebe zu erwarten. Freud nennt diese Liebe der Heiligen eine zielgehemmte, verglichen mit der erotischen und beschreibt sie als ein Zustand *"gleichschwebenden, unbeirrbaren, zärtlichen Empfindens"* (S. 461). Es ist eben jene Liebe, von der Rumi sagt: "Denn wo die Lieb' erwachet, stirbt das Ich, der dunkele Despot" (Rückert, II, S. 15). Daß diese Liebe und das damit verbundene Glücksgefühl mit der Religion "in jenen entlegenen Regionen zusammenhängen mag, wo die Unterscheidung des Ichs von den Objekten und dieser voneinander vernachlässigt wird" (S. 461), gesteht Freud zu.
Er räumt die Möglichkeit und Tatsächlichkeit einer solchen Liebe ein - als seltenen Grenz- und Ausnahmefall.
Franciscus als Beispiel. Aber diese Liebe ist nur einer verschwindenden Minderheit zugänglich, und Freud zweifelt an ihrem Wert, will nicht zugeben, daß sie die "höchste Einstellung" sein soll, "zu der der Mensch sich erheben kann" (S. 461).
Seine Einwände: Eine Liebe, die nicht wählt, nicht das <u>eine</u> Liebesobjekt vor allen anderen auszeichnet und erhebt, verliert an Wert, tut dem geliebten Menschen Unrecht.

Das zweite Argument folgt dem ersten konsequent nach: Es sind nicht alle Menschen liebenswert. Im Gegenteil.

Doch beide Formen des Eros, "vollsinnliche und zielgehemmte Liebe, greifen über die Familie hinaus und stellen neue Bindungen an bisher Fremde her" (S. 462). Sie erfüllen die Aufgabe, den Kreis der 'liebenswerten' Objekte immer größer zu ziehen, den Zusammenschluß der Menschen zu immer größeren Einheiten herbeizuführen. Doch die Liebe gerät auch in dialektische Spannung zur Kultur: "Einerseits widersetzt sich die Liebe den Interessen der Kultur, andererseits bedroht die Kultur die Liebe mit empfindlichen Einschränkungen" (S. 462). Der Antagonismus Individuum-Gesellschaft wiederholt sich in anderer Form auf der Ebene des dyadisch-selbstbezogenen Paares und der Ebene der Familie, die ihre Individuen festhalten will, was als Ablösungsproblematik Jugendlicher und als traditioneller Rollenkonflikt zwischen familienzentrierter Frau und zur Kulturarbeit berufenem Mann in Erscheinung tritt.
Hier, wie in der These, daß Kultur auf Arbeitszwang und Sexualunterdrückung aufbaut, drängt sich der Eindruck der Zeitgebundenheit des Freudschen Denkens besonders auf.

Andererseits scheint Freuds Grundthese, daß alle bisherigen Kulturen auf einem Unterdrückungsprinzip aufbauen und daß dieses Prinzip das Potential der Selbstaufhebung der Kultur in sich trägt, gerade heute, in einer Zeit des Zusammenbruchs ganzer Kulturgemeinschaften von besonderer Relevanz zu sein.

Freuds Rechtfertigung der exklusiven Liebe ist, näher besehen, eine Beschreibung dessen, was er 1914 (G.W. 10, S. 156) als narzißtische Objektwahl bezeichnete: Meine Liebe verdient der andere, wenn er mir ähnlich ist, so "daß ich in ihm mich selbst lieben kann" (S. 468), ebenso, wenn ich ein Ideal meiner selbst in ihm finde, "wenn er der Sohn meines Freundes ist, denn der Schmerz des Freundes, wenn ihm ein Leid zustößt, wäre auch mein Schmerz" (S. 468). Aber der Fremde "ist nicht nur im allgemeinen nicht liebenswert, ich muß ehrlich bekennen, er hat mehr Anspruch auf meine Feindseligkeit, sogar auf meinen Haß" (S. 469), wenn er mich schädigt, quält, verfolgt.

Freud war ein Mann, der leidenschaftlich lieben und leidenschaftlich hassen konnte. Seine Briefe sind gespickt mit Invektiven gegen seine Feinde. Sein Urteil über seine Mitmenschen fällt eindeutig aus: "Ich habe an den Menschen durchschnittlich wenig 'Gutes' gefunden. Die meisten sind nach meinen Erfahrungen Gesindel, ob sie sich laut zu dieser, jener oder keiner ethischen Lehre bekennen" (Brief an Pfister vom 9.10.1918). Das Liebesgebot empfindet Freud als eine "Zumutung" (S. 469). Der gesunde Menschenverstand, das normale Empfinden müssen sich dagegen auflehnen, den Bösen auch noch zu bevorteilen und sich selbst ihm gegenüber wehrlos zu machen. Daß der Mensch kein sanftes, liebenswertes Geschöpf ist, daß vielmehr gilt "homo homini lupus", ist für Freud eine unumstößliche Gewißheit. Wenn die seelischen Gegenkräfte, die die Aggression sonst hemmen, durch gesellschaftliche Auflösung oder Befehl wegfallen, enthüllt die freigesetzte Destruktion "den Menschen als wilde Bestie, der die Schonung der eigenen Art fremd ist" (S. 471).

Von Robert Musil stammt der Satz, daß die Blindenverbände des Nächstenhasses zusammen nicht viel weniger Mitglieder haben, als der der Nächstenliebe (Musil, S. 1128). Blind sind sie beide: die Parteigänger des Nächstenhasses, weil sie von ihrem begrenzten Blickwinkel aus nicht sehen können, daß es genau dieser Blick, dieser egozentrische, perspektivisch verengte Blickwinkel ist, der dem Übel zugrundeliegt.

Es ist andererseits völlig klar, daß niemand, der im endlichen Bewußtsein gefangen ist, das Liebesgebot einlösen kann - und dies zu ignorieren ist die Blindheit und Heuchelei der Partei der Nächstenliebe. Aber die Menschenliebe, zu der der Mensch, so wie er in seiner großen Mehrzahl heute existiert, definitiv nicht fähig ist, ist das, was zum Überleben der Gattung Mensch definitiv notwendig ist.

Entweder man erklärt den Menschen für einen Fehlschlag der Natur und die Schöpfung selbst für einen Irrtum, wie gewisse Gnostiker - gegen die der sonst so maßvolle Plotin seine einzige polemische Schrift richtete (Schriften, III, S. 104ff.) - oder man erkennt, daß die Mehrheit der Menschen, so wie sie sind, noch nicht das geworden ist, wozu sie der göttliche Entwurf bestimmt hat, nämlich Ebenbilder Gottes zu sein.

Daß es Menschen im Vollsinn des Wortes gibt (und immer gegeben hat), dafür sind Aung San Suu Kyi, der Dalai Lama, Abbé Pierre nur die im politischen Bereich derzeit leuchtendsten Beispiele. Eckhart sagt unmißverständlich: "Solange du einen einzigen Menschen weniger lieb hast als dich selbst, so hast du dich selbst nie wahrhaft liebgewonnen, wenn du nicht alle Menschen so lieb hast wie dich selbst, in einem Menschen alle Menschen: und dieser Mensch ist Gott und Mensch" (Predigt 12, BDK I, S. 145). Solange ich nicht aus dem "Meinen" ausgehe, nicht mich selbst und alle Dinge lasse, wie Eckhart gerne sagt, kann ich nicht der Gottheit, die "alles in allem" ist (1 Kor. 15,28 u. Eckhart, Predigt 76, BDK II, S. 135), teilhaftig werden, kann ich nicht wahrhaft lieben, bleibe ich in meinem Gefängnis und treibe selbst die Zerstörung, den Haß, die Gewalt aller gegen alle fort. Da gibt es kein "credo quia absurdum". Wenn es solche transformierten Menschen gibt, und es gibt sie, wie konnte sich da Freud als großer Wahrheitssucher, der er doch war, in seinem Stoizismus verbarrikardieren und nicht mit allen Mitteln nach dem Geheimnis suchen, aus dem diese leben?

Diese Suche hat gerade deshalb solche Dringlichkeit, weil es wahr ist, was Freud sagt, daß die Kulturgemeinschaft infolge der primären Feindseligkeit der Menschen gegeneinander beständig vom Zerfall bedroht ist (S. 471). Freuds Blick erwies sich als unbestechlich.

Er sah klar, daß weder das kommunistische System, noch eine sexuelle Revolution an der Destruktivität des Menschen etwas ändern könnten. Aber ist sie wirklich ein *"unzerstörbare(r) Zug der menschlichen Natur"* (S. 475) ?
Buddha und Jesus und viele andere, die in ihrer Nachfolge lebten, haben das Gegenteil bewiesen. Aber Narretei wäre es, einfach auf das Gute im Menschen zu setzen und zu hoffen, daß es sich irgendwie schon verwirklichen werde. Jeder Einzelne muß sich auf die Suche nach sich selbst machen. Es gibt keine andere Möglichkeit.

Freuds Beschreibung, wie Gesellschaften sich zusammenschließen, indem sie die Aggression auf einen gemeinsamen Außenfeind kanalisieren (S. 473), ist klassisch. Welches Maß an Binnen-aggression bei Versagen dieses Mechanismus freigesetzt wird, können wir heute sehen: Nach dem Zusammenfallen des globalen Ost-West Feindbildes - Entfesselung der Destruktion zwischen den einzelnen nationalen und ethnischen Gruppen, die sich untereinander als neue Feinde identifizieren. Was Freud über den Antisemitismus und die religiöse Intoleranz des Christentums sagt, ist ebenso unbestechlich-nüchtern, wie seine frühe Erkennung des Wesens des Stalinismus. Lediglich in der Abwertung der Amerikaner machen sich persönliche Ressentiments breit (für unterdrückte anti-amerikanische Passagen vergleiche Grubrich-Simitis, S. 226ff.).

Pfister hat Freud nachzuweisen versucht, daß auch er einem Glauben huldige, den an die Wissenschaft, die Vernunft: *"Ihr Religionsersatz ist im Wesentlichen der Aufklärungsgedanke des 18. Jahrhunderts in stolzer moderner Auffrischung"* (Brief vom 24.11.27).

Er hielt ihm ein Zitat Nietzsches vor, *"daß es immer noch ein methaphysischer Glaube ist, aus dem unser Glaube an die Wissenschaft ruht -, daß auch wir (..) Gottlosen und Antimetaphysiker auch unser Feuer noch von dem Brande nehmen, den ein Jahrtausende alter Glaube entzündet hat, jener Christenglaube, der auch der Glaube Platos war, daß Gott die Wahrheit ist und daß die Wahrheit göttlich ist ..."* (zit. nach Pfister, ebd.)

Pfister warf Freud vor, daß seine Zurückweisung der Religion als Illusion nur eine verödete Welt übriglasse, in der niemand leben könne: *"Wenn es zur psychoanalytischen Kur gehörte, diese ausgeplünderte Welt den Patienten als der Wahrheit höchste Erkenntnis beizubringen, so würde ich sehr gut begreifen, daß die armen Leute sich lieber in die Klause ihrer Krankheit flüchteten, als in diese schauerliche Eiswüste zögen"* (ebd.) .

Auf diesen Vorwurf scheint denn Freud sich zu beziehen, wenn er am Ende der Kulturschrift sagt, er beuge sich dem Vorwurf seiner Mitmenschen *"daß ich ihnen keinen Trost zu bringen weiß, denn das verlangen sie im Grunde alle, die wildesten Revolutionäre nicht weniger leidenschaftlich als die bravsten Frommgläubigen"* (S. 506).
Freud glaubte zwar an die leise Stimme der Vernunft[7], aber er zweifelte an ihrer Wirksamkeit gegenüber den destruktiven Kräften im Menschen.
Darin war er kein Aufklärer mehr. Freuds Position gleicht eher der Beschreibung, die Hegel vom spätantiken Stoizismus gibt: Er gebe den "Rat der Verzweiflung", denn er wisse "nur die Negativität allen Inhalts" in einer Welt, in der es keinen festen Halt mehr gibt (zit. n. Althaus, S. 387).
Nietzsche hat klar erkannt, daß, wenn sich Gott als die "längste Lüge" (S.A. II, S. 208) erweist, auch der Glaube an den Wert der Wahrheit grundlos und hinfällig wird. Wahrheit ist dann nur noch denkbar als "<u>die Art von Irrthum</u>, ohne welche eine bestimmte Art von lebendigen Wesen nicht leben könnte" (KGW VII/3, S. 226). Der Tod Gottes ist mit dem Verlust des Wahrheitsglaubens unzertrennlich verbunden, wie Nietzsche in seinem grandiosen Aphorismus "Der tolle Mensch" (S.A. II, S.126ff.) eindringlich fühlbar werden läßt. Die Rede vom Tod Gottes geht auf Hegel zurück.

---

[7] "Die Stimme des Intellekts ist leise, aber sie ruht nicht, ehe sie sich Gehör verschafft hat. Am Ende, nach unzählig oft wiederholten Abweisungen, findet sie es doch (...). Der Primat des Intellekts liegt gewiß in weiter, weiter, aber wahrscheinlich doch nicht unendlicher Ferne" (G.W. 14, S. 377). Dies ist noch eine der verhalten optimistischen Stellen. Die Formulierung von der leisen Stimme spielt natürlich auf das Daimonion des Sokrates an. Sie findet sich mehrfach in diesem Sinne in Freuds Briefen, zuerst wohl im Brief vom 8.10.95 an Fließ.

Hegel sieht den Tod Gottes als die radikale Entfaltung und Konsequenz einer Bewußtseinsbewegung an, die im stoischen und skeptischen Bewußtsein noch verhüllt ist. Im "unglücklichen Bewußtsein" gelangt der Schmerz der Negativität, der Schmerz des Getrenntseins vom Absoluten zu seiner extremsten und reinsten Ausprägung: "es ist der Schmerz, der sich als das harte Wort ausspricht, daß <u>Gott gestorben ist</u>" (W 3, S. 547). Es ist dies "das Gefühl der vollkommensten Rettungslosigkeit", denn es bedeutet, daß "alles Wahre nicht ist", der "fürchterlichste Gedanke", der gedacht werden kann. Ein Glaube an das Höhere ließe sich fortan nicht mehr denken (zit. n. Althaus, S. 537).

Es ist von vielen Mystikern bezeugt (besonders eindrucksvoll bei Johannes vom Kreuz), daß sie durch diese Erfahrung extremster Entäußerung und Gottesferne hindurchgegangen sind. Vielfach erscheint der völlige Verlust jeglicher Bindung, die Zerstörung jeglicher Vorstellung von Gott, jeglichen Glaubens, der Sturz in den Abgrund der Finsternis geradezu als Voraussetzung der Gnade: In die völlige Finsternis, die radikale Gottverlassenheit, ergießt sich mit einem Schlage das göttliche Licht. Auch bei Hegel ist der Tod Gottes ein Extremum, ein End- und Wendepunkt zum Durchbruch in das Wahrheitsbewußtsein. Hegels Philosophie ist, wie Ricoeur überzeugend darlegt, als Teleologie des Geistes gewissermaßen die Antithese, das dialektisch Andere der Freudschen "Archäologie des Subjektes". Von Hegel her läßt sich die Einzigartigkeit des Freudschen Denkens, aber auch seine grandiose Einseitigkeit sehr gut begreifen und die Notwendigkeit aufzeigen, von der Archäologie zu einer Teleologie fortzuschreiten, die die bei Freud abbrechenden, in seinem theoretischen Rahmen nicht fortführbaren Entwicklungslinien aufnimmt und weiterführt.

Exkurs: Hegel

Hegel zeigt in der "Phänomenologie" den *"Weg des natürlichen Bewußtseins, das zum wahren Wissen dringt"* (W 3, S. 72). Es ist der "Weg der Seele, welche die Reihe ihrer Gestaltungen als durch ihre Natur ihr vorgesteckter Stationen, durchwandert, daß sie sich zum Geiste läutere, indem sie durch vollständige Erfahrung ihrer selbst zur Kenntnis desjenigen gelangt, was sie an sich selbst ist" (W 3, S. 72). Jede neue Gestaltung des Bewußtseins widerlegt scheinbar die vorhergehende, hebt sie auf, doch so, daß sie zugleich deren Wahrheit aufbewahrt und auf ein neues, höheres Integrationsniveau hebt. Der Prozeß selbst ist die Bewegung der Wahrheit zu sich selbst; das "Resultat" des höchsten Wahrheitsbewußtseins kann nicht von seinen noch unvollkommenen Vorformen getrennt gesehen werden: "Das Wahre ist das Ganze. Das Ganze ist aber nur das durch seine Entwicklung sich vollendende Wesen" (W 3, S. 24). Ich werde bei den Stationen Bewußtsein, Selbst-Bewußtsein, Vernunft nicht verweilen - obwohl gerade sie die interessantesten Bezüge zur analytischen Entwicklungspsychologie aufweisen - und eile zum Kern des Hegelschen Denkens - dem Gottdenken. Voraus schicke ich, daß Hegel in dem theoretischen Teil seiner Religionsphilosophie nur einen einzigen (!) Denker zitiert, mit dem er <u>völlig</u> übereinstimmt: Meister Eckhart (Vgl. W 16, S. 209). Aber auch Rumi wird voller Bewunderung von ihm zitiert (W 10, S. 387). Ein islamischer Mystiker und Gelehrter, Ibn Arabi, scheint mir in klaren Worten einen Grundgedanken Hegels (und Spinozas) vorweggenommen zu haben, der in Hegels schwerfälliger Begriffssprache nur mühsam nachvollzogen werden könnte: *"Wir selbst sind die Attribute, mit denen wir Gott beschreiben; unsere Existenz ist geradezu eine Vergegenständlichung seiner Existenz. Gott ist für uns notwendig, damit wir existieren können, während wir notwendig für ihn sind, damit Er sich für sich selbst manifestiert"* (zit. n. Schimmel, S. 378). Ich versuche in aller Kürze den Kern der Hegelschen Aussagen über die Selbstoffenbarung Gottes wiederzugeben:

Der Inhalt der wahrhaften Religion ist der absolute Geist. Die drei Formen oder Sphären, als die sich der absolute Inhalt für unser zergliederndes Bewußtsein darstellt, sind:

a) "als in seiner Manifestation bei sich selbst bleibender, ewiger Inhalt;

b) als Unterscheidung des ewigen Wesens von seiner Manifestation, welche durch diesen Unterschied die Erscheinungswelt wird, in die der Inhalt tritt;

c) als unendliche Rückkehr und Versöhnung der entäußerten Welt mit dem ewigen Wesen, das Zurückgehen desselben aus der Erscheinung in die Einheit seiner Fülle" (W 10, S. 375).

ad a) Die göttliche Bewegung ist zunächst beschreibbar als trinitarischer Prozeß: Das absolute Wesen (Vater) sich selbst als seinen Sohn erzeugend, ebenso in ursprünglicher Identität mit diesem Unterschiedenen (Sohn) bleibend, als auch sich in dieser Bestimmung, das von dem allgemeinen Wesen Unterschiedene (Sohn) zu sein, sich ewig aufhebend und durch diese Vermittlung der sich aufhebenden Vermittlung zu sich selbst "zurückzukehren" als absolutes Subjekt, das Geist ist.

ad b) Was man traditionell Schöpfung nennt, bedeutet, daß die "abstrakte" göttliche Substanz sich zur Erscheinungswelt entäußert, wodurch eine (scheinbare) Dualität Wesen - Erscheinung, eine Entzweiung Natur - Geist, ein Verhältnis und eine äußerliche Beziehung des Menschen als Kreatur gegenüber dem Schöpfergott eintritt, Gott als das Andere erscheint und der Mensch in seinem endlichen Bewußtsein sich soweit verselbständigen und gegenüber dem göttlichen Ursprung verschließen kann, daß als Extrem dieser Negativität das Böse erscheint. Doch dieses Stadium ist ein notwendiger Durchgangspunkt: So verwirklicht sich das Wesen aus der Abstraktion zum einzelnen Selbstbewußtsein, das im Durchgang durch den Schmerz der Negativität, seine göttliche Sohnschaft erkennend sich seiner Naturbestimmtheit und seines Eigenwillens entäußert und so

c) zum ewigen, aber jetzt lebendigen, in der Welt gegenwärtigen Geist durchbricht. Der Mensch ist jetzt vereint mit dem Wesen, ist für sich geworden, was er an sich immer war, und das göttliche Wesen bewirkt sich so als innewohnend im

Selbstbewußtsein. Das ist die wirkliche Gegenwärtigkeit des göttlichen Ursprungs in der Welt (vgl. Hegel, G.W. 10, S. 375f.).

Hegels großartiges Panorama konnte noch nicht vollständig sein, da er den Gedanken der kosmologischen und biologischen Evolution noch nicht kannte. Lassen sich Sinn und Ziel der Kosmogonie, der biologischen Evolution, der Menschheitsgeschichte und des fortschreitenden Strukturwandels unseres Bewußtseins erkennen? Befragen wir dazu einen indischen Weisen des 20. Jahrhunderts:

Exkurs : Aurobindo

Aurobindo sieht im materiellen, vitalen, mentalen und transmentalen Stufenprozeß ein "involviertes Bewußtsein und Wissen, das zu sich selbst zurückkehrt" (Das göttliche Leben, 2/1, S. 338. Alle weiteren Zitate aus diesem Werk).

"Der evolutive Prozeß selbst ist die Entfaltung einer Wahrheit des Seins, die hier in einer ursprünglichen Unbewußtheit verborgen ist, aus ihr herausgestellt durch ein hervortretendes Bewußtsein, das von Stufe zu Stufe seiner Selbst-Entfaltung emporsteigt, bis es in sich die vollständige Selbst-Erkenntnis offenbaren kann" (2/2, S. 36). Dieses supramentale Bewußtsein "erkennt" unmittelbar "die unendliche Vielfalt des Einen und die ewige Einheit der Vielen" (2/2, S. 39). Die alte vedische Formel dafür lautet: sat-chit-ananda (saccidananda): höchstes Sein - höchstes Bewußtsein - Seligkeit. Dies entspricht der vollkommenen Realisation von Gebsers "aperspektivischem Bewußtsein" (siehe weiter unten) und ist Hegels absolutem Wissen des zu sich selbst gelangten Geistes vergleichbar. In absteigender Reihe entsprechen Mental, Leben und Materie, die die Endstufe der Involution bildet, einem Sichselbstvergessen oder sich vor sich selbst Verhüllen des Geistes zu totaler Unbewußtheit, aus der die Materie ins Dasein, die Idee in verhüllter Form in die Wirklichkeiten bricht (2/1, S. 338).

In einem Bild ausgedrückt, erscheint der Weltprozeß als ein Spiel, in dem das Göttliche sich vor sich selbst verhüllt und verbirgt und sich selbst in sich selbst sucht und findet. In einem bekannten außerkoranischen Wort heißt es:
"Ich war ein verborgener Schatz und wollte erkannt werden; so schuf Ich die Welt" (Schimmel, S. 381).
Bei Aurobindo ist Evolution ein die Involution aufhebendes, Äonen währendes Ringen, in dem der verborgene Geist sich zu seiner vollkommenen Selbstoffenbarung befreit und verwirklicht. Dabei ist Materie kein Gegensatzbegriff zu Geist, sondern:" Materie ist eine Form des Geistes" (2/2, S. 44).

"Das Selbst, der Geist, die aus der ersten Unbewußtheit von Leben und Materie sich enthüllende Wirklichkeit wird ihre vollständige Wahrheit von Wesen und Bewußtsein in diesem Leben hier und in dieser Materie entfalten. Die Wahrheit wird zu sich selbst zurückkehren - sollte es ihre Absicht sein, daß das Individuum ins Absolute heimkehrt, kann sie auch diese Rückkehr vollziehen - nicht durch eine Enttäuschung am Leben, sondern durch ihre spirituelle Vollkommenheit im Leben" (2/2, S. 500). Letztere Aussage stellt noch einmal Aurobindos evolutiv-spirituellen Grundansatz heraus, in dem sein integraler Yoga nach seinem eigenen Urteil über traditionelle Yoga-Auffassungen hinausgeht und, wie ich hinzufüge, auch über Schopenhauers Weltverachtung. Im Grunde sind alle diese Vorstellungen bereits bei **Plotin** in dessen Seins-Hierarchie klar ausgearbeitet. Plotin spricht von Materie, Psyche (die der Materie Form und Leben gibt), Geist (Nous) und: das an sich Unaussagbare, Namenlose, das überseiende Sein und unnennbare Nichts, das er das "Eine" nennt. Der Geist kann in der mystischen Erfahrung zu jenem Einen durchbrechen. Plotins Seinshierarchie ist ein schrittweises Emporsteigen zu immer Wirklicherem, ein Hinaufsteigen zu immer reinerer Göttlichkeit.
Dabei sind die höheren Stufen mit ihrer höheren Seinsmächtigkeit die Voraussetzung für die niederen Stufen, die aus ihnen ontologisch hervorgehen. In der Zeitlichkeit vollzieht sich der umgekehrte Prozeß: Aus der Materie geht Psyche hervor, aus Psyche erhebt sich der Geist, der sich schließlich im Einen vollendet.

Diese Gedanken sind in fast perfekter Übereinstimmung mit Aurobindos Prinzip der Involution und Evolution.

Nur nebenbei erwähne ich, daß Plotin das Phänomen des Unbewußten wohlvertraut war. Der Aufstieg der Seele zu Gott ist bei Plotin als ein kontemplativer Prozeß des Stillewerdens und des Weges in das eigene Innere dargestellt. Diese Vorgänge und die Erfahrung der "Erleuchtung" waren auch Plotins großem Vorgänger Platon wohlbekannt, wie Platon selbst im "Siebenten Brief" explizit bezeugt (Briefe, S. 76).

(VI)

Nach einem Überblick über die Entwicklung der Trieblehre stellt Freud das Todestriebkonzept vor und benennt die Widerstände dagegen:

"Denn die Kindlein, sie hören es nicht gerne, wenn die angeborene Neigung des Menschen zum 'Bösen' zur Aggression, Destruktion und damit auch zur Grausamkeit erwähnt wird. Gott hat sie ja zum Ebenbild seiner eigenen Vollkommenheit geschaffen, man will nicht daran gemahnt werden, wie schwer es ist, die - trotz der Beteuerung der Christian Science [von Mrs. Mary Baker Eddy gegründete amerikanische Glaubensbewegung, die das Problem des Übels durch einfaches Nichtbeachten lösen will. Anm. A.U.] - unleugbare Existenz des Bösen mit seiner Allmacht oder seiner Allgüte zu vereinen. Der Teufel wäre zur Entschuldigung Gottes die beste Auskunft, er würde dabei dieselbe ökonomisch entlastende Rolle übernehmen wie der Jude in der Welt des arischen Ideals. Aber selbst dann: man kann doch wohl von Gott ebensowohl Rechenschaft für die Existenz des Teufels verlangen wie für die des Bösen, das er verkörpert" (S. 479).

Das Problem des Bösen ist schon oben bei Hegel zur Sprache gekommen. Seine Auffassung findet sich schön bei **Rückert** in Versform wieder - als "Weisheit des Brahmanen":

> "Gott ist das höchste Gut. Wenn Ursprung nun genommen
> Von Gott die Welt, wo ist ihr Böses hergekommen?
> Ist Böses nur ein Schein, und alles gut allein?
> Das innerste Gefühl im Busen sagt dir Nein.
> Was ist das Böse denn ? Es ist der innere Streit,
> Die Doppeltheit der Welt, die sie mit Gott entzweit.
> Wohl ist, was ist, in Gott, sonst wär' es nicht vorhanden;
> Doch ist's auch außer ihm, sonst wär' es nicht entstanden.
> Sofern in Gott es ruht, ist alles Leben gut,
> Und bös' ist alles, was es für sich selber tut.

> O komm, uns und die Welt zu machen frei vom Bösen,
> laß uns in Gottgefühl den Sinn der Welt auflösen!"
> (Rückert, I, S. 311f.).

Das Problem des Bösen ist im endlichen dualistischen Bewußtsein verwurzelt. Es kann innerhalb dieses Bewußtseins keine Lösung finden. Die Dualität selbst ist das Problem:
"Die Zwei ist Zweifel, Zwist, ist Zwietracht, Zwiespalt, Zwitter" (Rückert, I, S. 303). Der Schaden "am alten Weltzwiespalte" (ebd.) kann nur heil werden, wo das Bewußtsein die Dualität von Gut und Böse radikal aufgeben kann. Das geschieht im mystischen Erkennen:

> "Wenn du erkennen kannst, wie vielfach ist das
> Eins,
> Fällt mit der Vielheit ein die ganze Welt des
> Scheins.
> ...
> Denn Eins ist Alles, wenn der Schein der Zweiheit
> schwand."
> (ebd., S. 302f.).

Das heißt, daß da, wo die Gottheit noch als "Gott" (getrennt von Welt und "Geschöpf") mißdeutet wird, er nur der Gegensatz des "Teufels" sein kann und genauso wie dieser nur eine Projektion der in sich gespaltenen und vom Ganzen abgetrennten Menschenseele ist.
Zurück zum Todestrieb. Wie so oft ist auch im Zusammenhang mit dem Todestrieb Ferenczis kritischer Kommentar höchst instruktiv: "Idee vom Todestrieb geht zu weit, ist schon sadistisch gefärbt; <u>Ruhetrieb</u> und <u>Teilung</u> (Mit-Teilung, sharing) von 'übermäßig' angesammelter Lust <u>und</u> Unlust ist das Wirkliche, oder war es, wenn nicht artifiziell, - traumatisch gestört" (Klin. Tagebuch S. 265). Nicht von der Triebnatur (Freudsche Gleichsetzung: das Böse - der Destruktionstrieb) ist nach Ferenczi das Böse unmittelbar abzuleiten, sondern von der Zerstörung primordialer Harmoniebedürfnisse durch Einwirkung von Traumata hängt die menschliche Destruktion ab. Das ist eine Position, die ich weitgehend teile: Thanatos an sich sucht Ruhe, die Ruhe des Nichts. Er selbst ist eine Kraft des Nichts.

Wie Eros Lust ist und die Objekte sucht, insofern sie Lust spenden bzw. er sich der Objekte bemächtigt, um sie zur Lust, zu sich selbst zu verwandeln, so ist Thanatos die Ruhe des Freiseins von Unlust. Er ist in der menschlichen Psyche die Kraft, die die Unlust zunichte zu machen strebt, was die Vernichtung der Objekte, die die Quellen der Unlust sind, einschließen kann. Eros ist sehr eng mit positiver Lustsuche, Thanatos mit Unlustvernichtung verknüpft. Thanatos als Kraft des alle Dinge vernichtenden Nichts sucht nach der Ruhe des reinen Nichts. Eros als Kraft des alle Dinge ins Bestehen rufenden Seins sucht die Seligkeit des reinen Seins.

In ihrer polaren Durchdringung machen Eros und Thanatos das Entstehen und Vergehen, das permanente Werden ("Alles fließt" wie Heraklit sagt) aller Dinge (die somit keinerlei Konstanz haben) aus. Eros und Thanatos bilden zusammen das, was im Buddhismus der Durst nach dem Werden genannt wird und polarisiert als der Durst nach Sein und der Durst nach Nichts erscheint. Ich komme noch darauf zurück. Freud scheint das selbst durchaus ähnlich gesehen zu haben, beispielsweise an der Stelle, wo er von Nietzsche sagt:

"Keiner hat tiefer den Zwiespalt der Triebe im Menschen erkannt und den Drang des Lustverlangens zur Unendlichkeit. Sein Zarathustra sagt:

> *Weh*
> *spricht: Vergeh!*
> *Doch alle Lust will Ewigkeit, will tiefe, tiefe*
> *Ewigkeit "*

(Viereck, S. 77).

Ebenfalls als Bestätigung meiner Auslegung möchte ich Freuds Berufung auf Empedokles ansehen, den großen Philosophen und Mystiker aus Agrigent, von dem Freud sagt, seine Theorie und die Triebtheorie seien identisch, "bestünde nicht der Unterschied, daß die des Griechen eine kosmische Phantasie ist, während unsere sich mit dem Anspruch auf biologische Geltung bescheidet. Der Umstand freilich, daß Empedokles dem Weltall dieselbe Beseelung zuspricht wie dem einzelnen Lebewesen, entzieht dieser Differenz ein großes Stück ihrer Bedeutung" (G.W. 16, S. 91).

Freud hat seine Triebtheorie zwar im engeren Sinne auf das Biopsychische beschränkt, er ließ aber, etwa in "Jenseits des Lustprinzips", keinen Zweifel daran, daß er die in der menschlichen Seele vorfindlichen Triebäußerungen als Abkömmlinge kosmischer Mächte und Prinzipien ansah, über deren Natur er jedoch nur Spekulationen anzustellen vermöge.

Ich meine also, daß es durchaus legitim ist, Eros und Thanatos als Kräfte des Seins und des Nichts aufzufassen. Eros will alle Dinge (als Lustquellen) ewig. Thanatos will alle Dinge (als Unlustquellen) nichtseiend. Eros bejaht das Dasein, Thanatos verneint es. Zusammen regieren sie die Welt: Alles ist und ist nicht (Hegel, Logik I, S. 139). Alles ist eine Bewegung vom Nichts zum Sein und vom Sein zum Nichts gleichzeitig. Eros ist die unerlöste, noch nicht zu sich selbst gekommene kosmische Kraft, die das reine Sein sucht. Deshalb taumelt er von Objekt zu Objekt ohne Frieden zu finden, bis er in der Objektlosigkeit, die alle Objekte umschließt und durchdringt zur Ruhe kommt. "Jede Liebe drängt uns weiter auf dem Pfad der Suche. Jedesmal erkennen wir unseren Irrtum, ergreifen einen Gegenstand, der uns gleich wieder entgleitet; wir packen einen anderen und so fort (...) bis das Licht kommt: wir kommen zu Gott, zur einzigen vollen, dauernden Liebe ... Alle anderen Lieben sind nur Vorstufen .... Aber es ist ein weiter Weg ..." (Vivekananda, zit. n. Rolland, II, S. 48).

Thanatos sucht die Erlösung von aller Unlust im reinen Nichts. Für uns erscheinen Eros und Thanatos als polar Entgegengesetzte, aber in ihrem Wesen und in ihrem Ziel fallen sie zusammen. In Hegels Logik ist klar, daß das reine Sein und das reine Nichts identisch sind (W 5, S. 83). Das Absolute ist beides: Sein und Nichts, ihr Gegensatz und ihre Einheit und ist zugleich unbegreiflich darüber hinaus.

Das Problem des Thanatos, das es erkennend zu lösen gilt, ist: auch im Häßlichen, Destruktiven, Bösen die Transparenz des Göttlichen wahrnehmen zu können. Hören wir hierzu Dogen, der den Kern des Buddhismus so formuliert:

"Alle Dinge sind vergänglich.
Das Leben folgt dem Gesetz der Zerstörung;
Geburt und Tod sind nichts als Zerstörung.
Und doch ist es wahr und die einzige Wahrheit -
Darin liegt die Seligkeit des Nirvana"
(Shobogenzo, I, S.10).

Das praktische Problem des Thanatos ist das Ertragen von Unlust. Unlust, die nicht ertragen wird, wird anderen zugefügt. Trauma erzeugt Trauma. Liebe als Ertragen der Unlust heilt Traumatisierung. Menschen, die ihr Ich überwunden haben, wissen: Was ich dem anderen antue, füge ich mir selbst zu. Was ich dem anderen schenke, schenke ich mir selbst. Dann ist es leichter, Traumatisierung zu ertragen und nicht zu agieren. Die höchste Form der Nächstenliebe ist zugleich die vollkommenste Selbstliebe.

Freud sah merkwürdigerweise genau, was Eros im Kulturprozeß bewirkt: das Fortschreiten zur Einheit der Menschheit. Aber vor der Konsequenz dieser Beobachtung, der Formulierung des Ziels, das in dieser Bewegung sichtbar wird, wich er agnostisch zurück, wenn er sagt, der Kulturprozeß sei "ein Prozeß im Dienste des Eros, der vereinzelte menschliche Individuen, später Familien, dann Stämme, Völker, Nationen zu einer großen Einheit, der Menschheit, zusammenfassen wolle. Warum das geschehen müsse, wissen wir nicht; das sei eben das Werk des Eros" (S. 481).

Wieder ist es Ferenczi, der entschieden darüber hinaus denkt: "Ist ein Fortschritt denkbar zu einem Punkt, bei dem <u>selbstische</u> (passionate) Tendenzen ganz aufgegeben werden? Nur wenn die Selbst-Zentren als solche zu existieren aufhörten und wenn die einzelnen Individuen (Atome etc.) zur "Überzeugung" kämen, daß es besser ist <u>nicht</u> als Einzelwesen zu existieren. Vereinigung des Universums in einem ideellen Punkt. Heute nur ein <u>relatives Optimum</u> möglich (Stachelschwein-Philosophie).[8]

---

[8] Ferenczi bezieht sich auf das Gleichnis, mit dem Schopenhauer erläutert, wie die Menschen, Stachelschweinen ähnlich, sich wärme- und schutzsuchend aneinander drängen, bei zu großer Nähe, von ihren Stacheln gepeinigt, jedoch wieder auseinanderweichen.

Doch dieses kann verbessert werden (Progress)" (Klin. Tagebuch, S. 212).

Und weiter: "Freud versuchte jede Sublimierung und jeden Drang nach Vervollkommnung als unerfüllbare, stets unbefriedigt zu bleibende Wunschregungen, gleichsam als kompensierende Trostphantasien und -handlungen zu bestimmen" (ebd., S. 208). Dagegen meint Ferenczi, daß es "eine zweite ursprünglichere, naturgemäße und nicht neurotische Quelle des gegenseitigen Wohlwollens gibt" (ebd., S. 208).

Er nahm an, daß alle Lebensformen, auch die niedrigsten, das Resultat zweier Tendenzen sind von: 1. Selbstverteidigung und Abwehr und 2. "Adaption, Ausgleich, Begütigung".

"Das höhere (auch ethische) Wissen des Menschen ist eine <u>Rückkehr zum Ausgleich</u>, oder Begütigungs-<u>Prinzip</u>, das allüberall existiert" (ebd. S. 212).

Der Sicht, die Triebprozesse im Zentrum der Kulturdynamik wirksam sieht, müssen meiner Überzeugung nach Sichtweisen an die Seite gestellt werden, die - wie die Hegelsche - Transformationen des Bewußtseins in der Kulturentwicklung erkennen.

Exkurs: Jean Gebser

Nach Gebser vollzieht sich die Bewußtseinsevolution über fünf Strukturen hinweg, die eine wachsende Dimensionierung aufweisen (von 0 bis 4), aber dennoch nicht als Stufen, die eine die andere hinter sich lassend oder als sich ausschließende Ebenen aufzufassen sind, sondern als koexistente, sich auf verschiedenstem Niveau durchdringende, einander aufhebende (widerlegende, bewahrende, übersteigende) prozessuale Strukturen, die aber in ihrer zeitlichen Genese durch qualitative, mutative Sprünge gesondert in Erscheinung treten.

Die erste Struktur, der Mutterschoß aller anderen, ist das archaische Bewußtsein (0) oder der sich seiner selbst völlig unbewußte, in sich selbst ununterschiedene Geist (wie er in der bewußtlosen Materie, dem frühesten Pränatalzustand, dem traumlosen Tiefschlaf ist); sein Wesen ist Identität, Ganzheit, Dimensions- und Repräsentanzenlosigkeit. Er ist unbewußt-kosmisch, alldurchdrungen.

Aus ihm ersteht das erste Bewußtseinslicht, die Geburt der magischen Welt, in der Welt und Natur im Bewußtsein unmittelbar da sind, in der das Bewußtsein selbst aber noch nicht aus der Horde, dem "Wir" und der Natur herausgetreten ist. Der magische Mensch lebt in einem Vitalkonnex, in seinen Antrieben verflochten mit dem Ganzen; sein Denken ist ein analogisierendes Verflechten und Ineinssetzen. Die magische Welt ist <u>präsymbolisch.</u> Der "Jagdzauber", das rituelle Schießen auf einen an die Höhlenwand gemalten Bison symbolisiert nicht etwa die Tötung des Tieres, sie ist vielmehr diese Tötung selbst, so wie die ganz realistische Zeichnung das Tier selbst ist (vgl. H. Kühn in Festschrift Gebser, S. 38ff.).

Es herrscht eine <u>Unität</u> zwischen magischer Handlung und dem, was sie in unseren Augen bewirken soll. Das präkausale Denken kennt ein solches Ursache-Wirkungsverhältnis nicht. Zeichen und Bezeichnetes, Vorher und Nachher, Ursache und Wirkung sind <u>nicht</u> unterschieden, fallen noch zusammen in <u>einem</u> Punkt. Die magische Welt ist raum- und zeitlos. Im Magischen, so füge ich hinzu, herrschen Trancekulte vor, wie sie in zeitgenössischen Formen noch als Voodookulte existieren. Einige der Tanzenden (Tanzende und in Trance gefallene Menschen finden sich auf vielen altsteinzeitlichen Zeichnungen) fallen in eine bewußtlose Trance, die eine direkte Regression ins Archaisch-Unbewußte darstellt. Wenn der archaische Uroboros (E. Neumann) sie wieder ausstößt und sie aus der Trance erwachen, sind sie erschöpft und wissen nichts von dem, was sie erlebten, von dem Dämon, der sie ritt etc. Der Schamanismus und seine "archaische Ekstasetechnik (Eliade) geht bereits über die primitivsten Trancekulte hinaus. Da das "Ich" auf magischer Stufe ein Körper-Ich ist (noch nicht ein psychisches Ich) und in den Verhaltensweisen und Impulsen (die noch keine seelischen Qualitäten im eigentlichen Sinn haben) noch nicht von der Gruppe gelöst ist, wird bei der Initiation des Schamanen durch ein gezieltes

Durchbrechen des Reizschutzes eine Fragmentierung des Körper-Ich herbeigeführt, was als Zerstückelung des Körpers durch die Initiationsmeister halluziniert wird.

Das Durchbrechen des Reizschutzes bei gleichzeitiger Stützung durch das Gruppen-Ich der erfahrenen Meister ermöglicht dem Neophyten halluzinatorische Reisen durch die innere unbewußte Welt mit ihren Introjekten, Trieben, Impulsen; anschließend erfolgt eine Restituierung des Körperschemas im Ritual (Wiederzusammensetzen der Körperteile). Das "Ich" des Neophyten ist durch diese Trancereise ins Unbewußte ein anderes geworden - er hat seine Psyche entdeckt und lernt sie mehr und mehr zu integrieren und anderen Führer zu sein, zu heilen etc. Die Erinnerungen des Schamanen an seine Trance-Reise sind bereits seelische Bilder und damit mythisch. Diese Bewußtseinsüberlegenheit des Schamanen begründet seine Über-legenheit über die Gruppe, er vereinzelt sich zum psychischen Ich.

In Verbindung mit der Sprachwelt entstehen aus den Trancereisen die ersten Mythen, deren Inhalt oft genug die Gefährdung des durch den Leib der Urmutter reisenden Bewußtseins ist: **Maui**, der Ahnherr der Maori durchquert den Leib der riesigen, schlafenden Ahnfrau und wird, als er gerade aus ihrem Maul wieder auftaucht, von der Erwachenden entzweigebissen. Daher sind die Menschen sterblich, denn durch die schamanische Zerstückelung wissen sie um ihren Tod und um ihre Wiedergeburt (Eliade, Mythen S.308f.). Zweifellos war es den Schamanen aller Zeiten immer wieder auch möglich, in noch höhere Bewußtseinsebenen vorzustoßen. Wenn das vorerst nur ausgewählten Individuen Gelingende Allgemeingut der Gruppe wird, ist das mythische Bewußtsein erreicht.

Als Illustration kann der schiffbrüchige, an den Strand Phäakiens geworfene **Odysseus** gelten, der von Nausikaa gefunden und befragt , wer er sei, antwortet: "Bin Odysseus!" Odysseus hat eine Fahrt durch die magische Welt hinter sich und hat sie überwunden. Während Polyphem noch dem magischen Wort anhaftet, kann Odysseus mit der Arbitrarität des Namens bereits spielen. Odysseus ist der, der diese Geschichte erlebt hat und sie erzählen kann.

Er hat ein narratives, mythisches Selbst. Die Welt der Imagination (Phantasien) ist da, der Wunsch (nicht mehr nur der vitale Impuls) ist etabliert. Leben und Tod in ihrer Polarität sind sichtbar. Die Mythen deuten die angeschaute Welt. Ein emotional-phantasmisches Selbst (Wilber) ist etabliert. Das Phänomen, daß die altsteinzeitliche realistische Höhlenmalerei nach 20.000 (!) Jahren Kontinuität schlagartig abbricht und einer völlig anders gearteten figurativ-abstrakten Felszeichnerei im Freien weicht, ist von namhaften Forschern (Herbert Kühn, Festschrift Gebser, S. 45) als Mutation des Magischen zum mythischen Bewußtsein mit seiner ersten <u>Differenzierung</u> von Symbol und Symbolisiertem gedeutet worden.

Götter, Symbole, Mythologeme beherrschen jetzt die Einbildungskraft.

Ödipus, der in einem schmerzlichen Selbsterfahrungsprozeß Einsicht in sein Triebschicksal gewinnt und als geblendeter Seher auf Kolonos die Reife erreicht, sich selbst als notwendiges Resultat seiner Lebenskonstellation zu erkennen, kann als Übergangsfigur vom Mythischen zum Mentalen angesehen werden, das mit der griechischen Philosophie anhebt. Sie wurde von Menschen geschaffen, die, wie **Sokrates** und **Platon** selbst bereits das Mentale transzendierten und von einer erleuchteten Sicht her die Rationalität ins Bewußtsein riefen. Das mental-rationale Denken ist raumbetont, d.h. perspektivisch. Der rationale Denker nimmt einen Standpunkt ein, von dem aus er einen sektorenhaften Ausschnitt der Realität überschauen kann, den er denkend vermißt. Raum, Zeitbegriff und Kausalität - die Kantschen Formen des transzendentalen Subjekts - sind seine Errungenschaften. Prototyp: das "cogito" des Descartes.

Das mentale Denken ist heute an sein Ende gelangt. Gebser wird nicht müde, in seinem Hauptwerk in allen Bereichen der Wissen-schaft, Kunst und Literatur Hinweise auf das neue aperspektivische und integrale Bewußtsein zusammenzutragen, das uns Heutigen bei Androhung unseres Untergangs aufgegeben ist, zu realisieren. Integral ist dieses Bewußtsein, weil es alle vorhergehenden in sich aufnimmt, durchdringt und von ihren Begrenzungen befreit.

Die magische Zeitlosigkeit, die mythische Naturzeit, der mentale Zeitbegriff werden in ihm, das zur Zeitfreiheit, dem Achronon, dem "nunc stans" der Mystik durchgebrochen ist, voll bewußt. Das aperspektivische Bewußtsein überwindet die sektorenhafte Teilung der Welt. Es wahrt die "Welt ohne Gegenüber", in der kein Keil mehr Subjekt und Objekt trennt. Die Dualität, das Gegensatzdenken des Mentalen ist aufgehoben. Der göttliche Ursprung ist überall gegenwärtig.

Die Welt ist "transparent" geworden. Der Mensch erfährt sich als "Menschheit", als Idee des Menschen. Er nimmt in arationaler Weise das Ganze war, von dem er nicht mehr unterschieden ist und setzt sich für das Ganze mit seiner ganzen Kraft ein.

Kurz: das aperspektivische Bewußtsein ist das, wovon die Mystiker zeugen. Der integrale Mensch weiß, daß alle Wesen frei sind. Er arbeitet dafür, daß diese Freiheit, das Ansich aller, auch <u>für</u> den Menschen sei, ihm bewußt werde und ihn damit transformiere in eine höhere Seinsweise, in der er zur Überwindung des Hasses und zur Nächstenliebe zunehmend fähig wird.

Am Rande weise ich darauf hin, daß Gebsers Abfolge - magische Clangesellschaft, mythisches Matriarchat, mentales Patriarchat dem Freudschen Modell genau entspricht, wie er es in "Massenpsychologie und Ich-Analyse" entwickelte (G.W. 13, S. 151f.). Dem aperspektivischen Bewußtsein entspricht das Integrat: geeinte Menschheit.
Nur kurz kann ich auf Ken Wilber, den bedeutendsten Vertreter der transpersonalen Psychologie, eingehen. Meine Rezeption der Schriften Wilbers ist noch unabgeschlossen. Zweifellos ist er ein sehr bedeutender Autor. Dennoch habe ich an vielen Stellen Fragen, auf die ich noch keine Antworten fand. Daher nur an dieser Stelle eine sehr vorläufige Skizze:
Wilber hat unter Heranziehung offenbar aller bekannten Varianten der "Philosophia perennis" einschließlich der sehr differenzierten Modelle des tibetischen Buddhismus ein Stufenmodell der Bewußtseinsentwicklung vorgeschlagen, das in den Stufen 0 bis 2 mit

Gebser übereinstimmt, das mentale Bewußtsein unter Verwendung entwicklungspsychologischer Modelle (Piaget, Kohlberg) dann aber in 4 gesonderte Formen unterteilt und ebenso das integrale Bewußtsein.

Ich gehe hier nur auf Stufe 0 - 3 ein. Wilber sieht eine prinzipielle Parallele zwischen Phylogenese und Ontogenese des Bewußtseins. Daher kann er Gebser 0 - 2 unter Verwendung von Mahler und Kernberg wie folgt einordnen: Das Ausschlüpfen aus Autismus und Symbiose differenziert ein physisches Selbst (1). Magische Welt bei Gebser. Individuation, Separation, Wiederannäherungskrise. Die glückende Triangulierung schafft ein abgegrenztes, emotionales und phantasmisches Selbst. Mythische Welt bei Gebser. Ödipale Krise.

Der Untergang des Ödipuskomplexes mit Erreichen der vollen dreigliedrigen Struktur der Psyche (Ich, Es, Über-Ich) stellt den vollzogenen Übergang zum mentalen Bewußtsein her (Vgl. Wilber, Psychologie der Befreiung, S. 113).

Die neuere Säuglingsbeobachtung sieht Hinweise für ein physisch-differenziertes präsymbolisches Selbst bereits ab dem 2. Monat. Das bestätigt Wilbers Ansatz, rückt nur die entsprechende Differenzierung näher an die Geburt. Zweifel an Autismus und Symbiose mögen, so wie bei Mahler geschildert, angebracht sein. Sie verschieben aber das Problem des archaischen Bewußtseins nur nach hinten, möglicher-weise bis tief ins Pränatale. Aber irgendwann <u>muß</u> es einen mutativen Schritt von der Ununterschiedenheit zur Unterschiedenheit geben.

Oder glaubt man, daß bei der Zeugung bereits ein sich getrennt erlebendes Wesen da ist?

Bei Gebser wie bei Wilber ist das höchste Wahrheitsbewußtsein die Rückkehr zum Ursprung. Was im archaischen Bewußtsein völlig unbewußter Welt-Ursprung ist, lichtet sich im überwachen Bewußtsein zur Weisheit. Predigt 52 (BDK, I, S. 550ff.) von Eckhart sagt all das mit unvergleichlicher Kraft und Klarheit. Am prägnantesten aber ist es in einem apokryphen Jesus-Wort gesagt: "Jesus sprach: Ich bin das Licht, das über ihnen allen ist. Ich bin das All. Das All ist aus mir entstanden und das All ist zu mir zurückgelangt. Spaltet ein Stück Holz, und ich bin da. Hebt einen Stein, und ihr findet mich dort" (Dietzfelbinger, S. 212).

(VII)

Das 7. Kapitel erörtert die Funktion des Schuldgefühls als Mittel der Aggressionshemmung nach außen, die Wendung der Aggression über die Bildung des Über-Ich nach innen und den sich selbst verstärkenden Kreisprozeß, der dadurch entsteht: Das Über-Ich fordert Aggressionsverzicht - jeder Aggressionsverzicht macht das Über-Ich strenger und grausamer.

Die Angst vor dem Über-Ich war ursprünglich soziale Angst, Angst vor dem Verlust der elterlichen Liebe und deren bestrafender Aggression. Mit der Internalisierung dieses Vorgangs wird das Über-Ich errichtet. Die Gewissensnot verschärft sich, da dadurch bereits böse Wünsche und Tatabsichten, nicht mehr nur böse Taten, geahndet werden. Das skrupulöse Gewissen der Heiligen, die sich selbst der größten Sündhaftigkeit bezichtigen, ist ein extremes Beispiel. Wie dieser Vorgang ein ganzes Volk ergreifen kann, deutet Freud für das Volk Israel an, dessen Leiden nur das von den Propheten wachgehaltene Sündenbewußtsein verstärkt. Dies hat Freud im "Mann Moses" erneut und vertieft diskutiert.
Triebverzicht infolge von Versagung steigert die Strenge des Über-Ichs. Das ist bereits bei seiner Ontogenese der Fall: Das Kind muß sich seine Aggression gegen die verbietenden Eltern ängstlich versagen. So wird erklärlich, wie sowohl besonders strenge Eltern (auf dem Weg der Identifizierung) als auch besonders gütige Eltern (welche das Kind niemals hassen <u>kann</u>, <u>weil</u> sie so gut sind) zu einem strengen Über-Ich beim Kind führen können.
Dazu kommt der phylogenetische Einfluß aus der urzeitlichen Vatertötung. Das Schuldgefühl ist hier aus der Reue über diese Tötung abgeleitet. Diese Reue entspringt der Ambivalenz: Der Urvater wurde nicht nur als Tyrann gehaßt, sondern als starkes Vorbild auch geliebt. Das Totemmahl als identifikatorische Reuegedächtnisfeier, Verbot des Mordes und Inzesttabu erscheinen als nachträglicher Gehorsam des Brüderclans gegenüber dem internalisierten Vater.

Freud sieht nun ein Anwachsen des Schuldgefühls über Generationen hinweg, da immer wieder und neu die Neigung zur Vatertötung unterdrückt werden muß und dieser Verzicht das Über-Ich aggressiv verstärkt.

Gleichsinnig wirkt der durch Eros herbeigeführte Zusammenschluß der Menschen zu immer größeren Gemeinschaften. "Ist die Kultur der notwendige Entwicklungsgang von der Familie zur Menschheit, so ist unablösbar mit ihr verbunden, als Folge des mitgeborenen Ambivalenzkonflikts, als Folge des ewigen Haders zwischen Liebe und Todesstreben, die Steigerung des Schuldgefühls vielleicht bis zu Höhen, die der Einzelne schwer erträglich findet" (S. 491).

Nietzsche hat ganz ähnliche Thesen zur Kulturentwicklung gegeben: Der archaische Mensch interpretiere das Verhältnis der Gegenwärtigen zu den Vorfahren als Schulden-Verhältnis. "Was wir sind, verdanken wir den Ahnen" - so lautet diese frühe Logik. Mit der Macht und der Entwicklung der Gemeinschaft wächst dann auch die Furcht und das Schuld-Bewußtsein gegen den Ahnherrn, der so in einen Gott transfiguriert wird:
"Das Schuldgefühl gegen die Gottheit hat mehrere Jahrtausende nicht aufgehört zu wachsen, und zwar immerfort im gleichen Verhältnisse, wie der Gottesbegriff und das Gottesgefühl auf Erden gewachsen und in die Höhe getragen worden ist (...). Die Heraufkunft des christlichen Gottes, als des Maximal-Gottes, der bisher erreicht worden ist, hat deshalb auch das Maximum des Schuldgefühls auf Erden zur Erscheinung gebracht" (KGW, 6/2, S. 345f.).

Freud hat diesen Gedanken Nietzsches eigentlich nur um die Vatermordtheorie erweitert: Der Ahnherr wurde ermordet. Das ist die Urschuld, die durch die Generationen wächst. Das Christentum bietet im Sohnestod, den der Vater als Sühneleistung für den Mord fordert, eine Lösung der Urschuld (Vgl. "Totem und Tabu").

Nietzsche konnte dagegen im Gott am Kreuz nur eine schauerliche Paradoxie erblicken, einen Höhepunkt der masochistischen Perversion, die das historische Christentum in seinen Augen ist: das Christentum als Prototyp einer Religion, in der nicht ausgelebte und auslebbare Aggression sich in ein grausames Gewissen verwandelt und zu einer pathologischen Spaltung im Menschen führt.

Nietzsche hat auch scharf die Absurdität der Satisfaktionslehre des Anselm von Canterbury erkannt: ein in seiner Majestät durch die menschliche Sünde unendlich beleidigter Gott kann nur durch das größtmögliche Opfer mit dieser narzißtischen Kränkung versöhnt werden - das Opfer des eigenen Sohnes (S.A., II, S. 832f.).
Für Eckhart wäre die Vorstellung eines beleidigten Gottes absurd gewesen. Für ihn war klar: "Gott fließt in alle Kreaturen und doch bleibt er unberührt von ihnen allen" (Predigt 71, BDK II, S. 69). Sein Satz "Wer Gott selbst lästert, lobt Gott" wurde denn auch in der Bulle Johannes XXII. verdammt (Quint, S.450).

Der Vergleich Nietzsche - Freud soll nicht abgeschlossen werden, ohne darauf hinzuweisen, daß Nietzsche bis zu einem gewissen Grade Einsicht in das authentische Christsein besaß. Für Nietzsche gab es im Grunde nur einen Christen - und der starb am Kreuz (S.A., II, S.1200). Während er Paulus als den Urheber des Christentums als der Perversion dessen ansah, was Jesus verkörperte - sicherlich eine haßerfüllte, pathologische Verkennung des Apostels als "bösem Objekt" - sah er in Jesus den edelsten Verkünder einer Art buddhistischen Friedensreligion. Bemerkenswert ist, wie Nietzsche über das Reich Gottes schrieb: "Mit dem Wort 'Sohn' ist der <u>Eintritt</u> in das Gesamt-Verklärungs-Gefühl aller Dinge (die Seligkeit) ausgedrückt, mit dem Wort 'Vater' <u>dieses Gefühl selbst</u>, das Ewigkeits-, das Vollendungs-Gefühl" (S.A., II, S. 1196). Das "Reich Gottes" ist nichts, das man erwartet; es hat kein Gestern und kein Übermorgen, es kommt nicht in "tausend Jahren" - es ist eine Erfahrung an einem Herzen; es ist überall da, es ist nirgends da ..." (S.A., II, S. 1197).

Diese Einsichten Nietzsches, die letztlich doch nur intellektuell und daher unfruchtbar blieben, werden aber durch seine Diskreditierung von christlicher und buddhistischer Lebensweise als passivem Rückzug aus dem Werden und im Gegenzug durch die martialisch-übermenschliche Bejahung des infernalischen Kreislaufs der ewigen Wiederkehr des Gleichen im Zeichen des Dionysos wieder entwertet.

(VIII)

In seinen abschließenden Bemerkungen bekräftigt Freud seine Intention, "das Schuldgefühl als das wichtigste Problem der Kulturentwicklung hinzustellen und darzutun, daß der Preis für den Kulturfortschritt in der Glückseinbuße durch die Erhöhung des Schuldgefühls bezahlt wird" (S. 493f.). Dieses Schuldgefühl bleibt zum großen Teil unbewußt, es hat wesentlichen Anteil an dem dunkel verspürten Unbehagen in der Kultur. Nach Definition der Begriffe Über-Ich (als Instanz), Gewissen (als eine wesentliche zensorische Funktion dieser Instanz), Schuldgefühl (als Ausdruck der Angst-Spannung zwischen Ich und Über-Ich), Strafbedürfnis (Triebäußerung des masochistisch gewordenen Ichs, das erotisch an das sadistische Über-Ich gebunden ist), stellt Freud fest: Gewissen gibt es nicht vor dem Über-Ich, Schuldgefühl als interpersonelle Strafangst wohl. Schuldgefühl löst, als Gesamtreaktion des Ichs, Reue aus, die wenig umgewandelte Strafangst ist, selbst eine Strafe ist und das Strafbedürfnis einschließen kann. Auch sie kann älter sein als das Über-Ich und seine Gewissensfunktion (S. 496).
Reue war menschheitsgeschichtlich zuerst Reaktion auf die vollzogene Tat (Vatermord), später nach Errichtung des Über-Ich dehnt sie sich als Schuldbewußtsein auch auf bloß intendierte böse Taten aus. Triebversagung löst Schuldgefühl aus - diese These läßt Freud nur für die aggressiven Triebe gelten, nicht für die sexuellen, die sich, vom Ausweg der Abfuhr abgeschnitten, in Symptome umwandeln.
Da beide Triebarten stets gemischt auftreten, schlägt Freud als Näherung vor, libidinöse Energie einer verdrängten Regung setze sich in Symptome, die aggressive in Schuldgefühl um (S. 499).

Der Kulturprozeß "sei jene Modifikation des Lebensprozesses, die er unter dem Einfluß einer vom Eros gestellten, von der Ananke, der realen Not, angeregten Aufgabe erfährt, und diese Aufgabe ist die Vereinigung vereinzelter Menschen zu einer unter sich libidinös verbundenen Gemeinschaft" (S. 499).

Diese Menschenliebe ist also eine Notwendigkeit bei der Lösung der Aufgabe, die Eros, von Ananke bedrängt, der Menschenart stellt: zu überleben und das Überleben der Gattung zu sichern. Menschheitsprozeß und Individualentwicklung sind von grundsätzlich gleicher Art (S. 500). Dieses Postulat ist sehr wichtig. Es behauptet, daß der Weg des Individuums und der Weg der Menschheit parallel oder analog gehen. Daraus folgt: Sehr weit auf diesem Weg fortgeschrittene Individuen können zukünftige Stadien der Menschheit vorwegnehmen, der Menschheit als Wegbereiter dienen. (Alle Modelle eines evolutiven Spiritualismus anerkennen dieses Prinzip.)

Freud hebt hervor, daß das Individuum mit seiner "egoistischen Glückssuche" zunächst in Spannung zur "altruistischen" Ethik der Gemeinschaft steht; erst wo das Individuum für die Gemeinschaft lebt, fällt sein Weg mit dem der Gemeinschaft zusammen (S. 500f.). Den ursprünglichen Antagonismus Individuum-Gesellschaft siedelt Freud innerhalb des Eros an, vergleichbar dem Kampf um die Aufteilung der Libido zwischen dem Ich und den Objekten, zwischen Narzißmus und Objektliebe.

Hier trifft sich Freud in etwa mit Gebsers Anschauung, die natürlich auch die aller religiösen Ethik ist, daß Ichverhaftung (Narzißmus) der Menschenliebe (Wahrung des Ganzen) entgegensteht und überwunden werden muß, was radikal - und dies scheint bei Freud nicht auf - nur durch eine Bewußtseinstransformation, nicht durch Willensanstrengung, Disziplin etc. allein möglich ist.

Das kollektive Über-Ich ganzer Kulturepochen kann von herausragenden Einzelmenschen geprägt sein: Moses, Jesus, die selbst oft genug von der Kultur, deren Werte sie umwerten, verfolgt und getötet wurden. Freud hebt meiner Meinung nach zu wenig hervor, daß mit der Internalisierung eines getöteten Menschheits-lehrers und seiner Aufnahme ins Über-Ich eine grundsätzliche <u>Verfälschung</u> und <u>Verzerrung</u> des Anliegens dieses Lehrers entsteht:

aus dem mosaischen Gesetz wurde eine skrupolöse Gewissens-
religion, aus Christi Befreiungsbotschaft und seiner Verheißung der
Liebe ein "Dysangelium" (Nietzsche) und christlicher Imperativ, der
die Menschen im Namen der höheren Moral knechtet. "Liebe deinen
Bruder wie deine Seele. Hege ihn wie deinen Augapfel"
(Dietzfelbinger, S.199) ist kein Gebot ursprünglich, sondern: Jesus
lebt das und zeigt allen: Du kannst auch so leben, absolut frei, und ich
zeige dir, so du Augen hast, das offenbare Geheimnis. Dieses
jesuanische Leben ist jenseits von Gut und Böse, von Moral, Schuldgefühl und schlechtem Gewissen: Es liegt nichts an der Sünde ...

Die Ethik, meint Freud, sei ein Notbehelf, dem Menschen das
beizubringen, was er trotz aller Kultur noch nicht geworden ist. Die
ganze Argumentation gegen das Gebot der Nächstenliebe als Über-
Ich-Inhalt - es überfordere die menschliche Natur, könne die Not
nicht beseitigen - kann nur die Über-Ich-Institutionen treffen, die die
jesuanische Botschaft eben schon mißverstanden und pervertiert
haben. So öffnet sich bei Freud ein Abgrund: Einerseits müssen die
Menschen, um sich nicht selbst zu zerstören, zur Menschenliebe
gelangen. Andererseits <u>können</u> sie nicht lieben, sind heillos
überfordert damit, und jede Ethik predigt da vergebens. Der Abgrund
ist nicht überbrückbar. Es gibt bei Freud keinen Ausweg, den er
aufzeigen könnte. *Die Schicksalsfrage der Menschenart scheint mir
zu sein, ob und in welchem Maße es ihrer Kulturentwicklung gelingen
wird, der Störung des Zusammenlebens durch den menschlichen
Aggressions- und Selbstvernichtungstrieb Herr zu werden. In diesem
Bezug verdient vielleicht gerade die gegenwärtige Zeit ein besonderes
Interesse. Die Menschen haben es jetzt in der Beherrschung der
Naturkräfte soweit gebracht, daß sie es mit deren Hilfe leicht haben,
einander bis auf den letzten Mann auszurotten.
Sie wissen das, daher ein gut Stück ihrer gegenwärtigen Unruhe,
ihres Unglücks, ihrer Angststimmung"* (S. 506).

Der Schlußsatz klingt - ähnlich wie in seinem Aufsatz über "Vergänglichkeit" grundlos optimistisch: "Und nun ist zu erwarten, daß die andere der beiden "himmlischen Mächte", der ewige Eros, eine Anstrengung machen wird, um sich im Kampf mit seinem ebenso unsterblichen Gegner zu behaupten". Er mußte ihn schon ein Jahr später, als die Heraufkunft der Nazi-Herrschaft nicht mehr zu übersehen war, revidieren: "aber wer kann den Erfolg und Ausgang voraussehen?" (S. 506).

Die Welt erlebte in den darauffolgenden Jahren eine Pervertierung des Menschlichen in einem Maße, das selbst für den hartgesottenen Realisten Freud unvorstellbar gewesen wäre. Auch Freuds Rest von Wissenschafts- und Technikglaube hätte angesichts der heute sichtbaren Folgen der Umweltzerstörung zunichte werden müssen. Das Urteil über unsere Kultur muß heute[9] noch pessimistischer ausfallen. Beide Säulen, auf die die Kultur sich nach Freud stützt - die Bändigung der Natur - und der Triebkräfte zum Wohle des Menschen - wurden von der Kultur selbst untergraben und drohen einzustürzen. Anstatt uns vor der Natur zu schützen und unsere Gesundheit zu wahren, hat die Kultur mit ihren "Errungenschaften" die Zerstörungskräfte der Natur heillos entfesselt und schädigt über Umweltgifte unsere Gesundheit. Wie weit hat es eine Kultur gebracht, in der Kinder töten ?
Und in Europa tobt ein Bürgerkrieg, dessen mordende, folternde, vergewaltigende Horden vielleicht die Greuel des 30jährigen Krieges im Einzelnen noch übertreffen, da sie mit System und Kalkül agieren.
Die Kultur, so scheint es, steht vor dem Zusammenbruch - oder vor dem Umbruch, vor einer Transformation. Sind die Zeichen, die wir sehen, Zeichen des Verfalls, des selbstbereiteten Endes, auf das die Menschheit zutreibt, oder sind es Zeichen des Zerfalls, des Untergangs und der Selbstzerstörung des Alten und des noch kaum sichtbaren Aufbruchs des Neuen?

---

[9] 1994

Die Politiker, die Wissenschaftler sind ratlos und hilflos. Freuds klare und unerbittliche Lehre, daß das Lustprogramm unerfüllbar sei, daß das Leiden unvermeidlich ist, daß wir Menschen so veranlagt sind, daß wir Lust suchen und Unlust vermeiden wollen und uns beides mißlingen <u>muß</u>, ist eine tragische Wahrheit, die keinen Ausweg zeigt.

Eros und Thanatos, die beiden unerlösten Triebmächte im Menschen und in der Natur bilden in ihrer Polarität, ihrem Ringen miteinander und gegeneinander die ständig veränderliche Mannigfaltigkeit des Werdens, den ewigen Wechsel der "tausend Formen". Für uns ist dieses Werden, die "Vergänglichkeit", wie Freud sagt, verbunden mit der Todesangst, der Angst vor dem Vergehen, der Angst zu verlieren, was man hat und ist, der Angst, das Ich zu verlieren, der Angst vor dem Nichtendenwollen der Qual, der Unterdrückung, des Elends, der Folter, der Gewalt.

Was ist die Antwort auf Freud? Es ist die ewige, immer gleiche Wahrheit der Mystik: Gehe durch die Angst hindurch: Laß alle Dinge, an die Du Dein Herz gehängt hast.
Laß dich selbst, stirb den Tod deines alten, kleinen, erbärmlichen, geängstigten Ich, verlier dein altes Leben, und du wirst das wahre Leben gewinnen (Mt 10,39; Mk 8,35; Lk 9,24; Joh 12,25). Das ist Jesu Lehre, das ist Buddhas Lehre. In der Analyse des Bestehenden stimmen Freud und Shakyamuni überein. Doch der **Buddha** hat jenen Weg der Befreiung gefunden und verwirklicht, den Freud, zumindest in seiner Lehre, nicht fand.
"Den Durst nach <u>Werden</u>, nach <u>Sein</u> oder <u>Nichtsein</u>, erklärt der dreifache Ursprung von Schmerz und Leiden. Nur indem man das Begehren, das allem bedingten Sein eigen ist, ausrottet, also die Kontingenz, das heißt die Existenz selbst, aufhebt, kann die inhärente Begrenzung dieses Wesens, die Ursache seines Leidens, beseitigt werden. Das von jeglichem Begehren (dem <u>Durst nach Werden</u>) verursachte Leiden kann nur durch eine <u>Liebe</u> überwunden werden, die jeden Gegenstand des Begehrens transzendiert. Solange es geliebte Objekte gibt, hält der Schmerz an. Der Schmerz, nicht Gott zu sein (der <u>Durst nach Sein</u>), kann nicht durch die Erfüllung einer geringeren Hoffnung als derjenigen, Gott zu sein, gestillt werden.

Solange die Hoffnung anhält, ist das Ziel nicht erreicht, und der Schmerz dauert fort. Das Leiden am Dasein (der <u>Durst nach Nichtsein</u>) wird nur durch den Glauben an die Transzendenz allen Seins aufgehoben. Solange wir an diesem Glauben festhalten, haben wir in uns selbst keinen Halt, und daher "sind" wir noch, und der Schmerz dauert fort. Deshalb gibt es keine Lösung, solange ein bedingtes Individuum vorhanden ist" (Panikkar, S. 58).

Deshalb ist es so, daß erst der Mensch der von der Ichverhaftetheit freigeworden ist und das Glück des Freiseins von der Kontingenz verkostet hat, fähig ist, die Herrschaft des Lustprinzips (und des Realitätsprinzips, das nur ein modifiziertes Lustprinzip ist, welches durch den Einspruch der versagenden Ananke gegen den Wunsch belehrt ist) abzuwerfen. Wie Spinoza sagt: Dieses Glück ist nicht der Lohn der Tugend, die Prämie für den Triebverzicht, nein, umgekehrt: Weil wir dieses Glück genießen, können wir Triebverzicht üben (vgl. Ethik, V, 42. Lehrsatz).

Gebser sieht uns Heutige in einer Phase der Transformation des Bewußtseins, die uns in diese Unbedingtheit hineinführen wird, wenn wir uns transformieren lassen: *"Die Neustrukturierung der gesamten Wirklichkeit hat bereits eingesetzt. Es wird von uns abhängen, ob der endgültige Durchbruch zu ihr, ob ihre Konsolidierung sich mit unserer Hilfe oder gegen unsere Uneinsichtigkeit vollzieht. Geschieht es mit unserer Hilfe, so wird sich eine allgemeine Katastrophe vermeiden lassen; geschieht es ohne unsere Mithilfe, dann freilich wird der gültige Vollzug der diesmaligen Mutation mit noch größeren Schmerzen und Qualen erkauft werden, als wir sie in den letzten fünfzig Jahren erlitten haben"* schrieb Gebser 1953 (S. 384).

"Wer sich dem Ursprung entzieht, wer sich seinem Auftrag, der ein geistiges Ansinnen ist, entzieht, handelt gegen den Ursprung. Wer gegen ihn handelt, hat keine Gegenwart, heute sowenig wie morgen" (S. 385). Denn alle Evolution ist Nachvollzug. Die Zukunft ist im Ursprung schon da.

Im Irdischen, in Raum und Zeit, blättert sich das im Ursprung ewig Enthaltene (Platons Ideen) nur auf, und es entfaltet sich, was im Ursprung schon immer vollkommen erfüllt ist.

Jede große Krise hat das sie überwindende Neue bereits in sich. Wir müssen das, was uns am nächsten ist, näher als wir uns selbst sind, nur sehen und sein lassen, dazu müssen wir, wenigstens zeitweilig, unser altes, kleines Ich loslassen können.
Es ist heute überall in Europa und Amerika kein Problem mehr, Zenmeister, Lamas, Yogis, Sufis, Lehrer der christlichen Kontemplation und der jüdischen Mystik zu finden, die kompetente Lehrer der verschiedenen Pfade sind, die alle zum selben Ziel der Bewußtseinstransformation führen. Und es gibt eine in den letzten Jahren stark angestiegene Zahl von Menschen, die diese Wege gehen.

Der psychoanalytische Prozeß, da er ein Bewußtseinsprogress ist, bewegt sich ganz von selbst in diese Richtung, ohne daß Analysandem und Analytiker das bewußt zu sein braucht. Die Analyse führt, wo sie wirklich an ihr immanentes Ziel gelangt, über sich hinaus.

"Ein jeder ist frei, es zu leisten. Wer diese Freiheit verspielt, verspielt sein Leben und seinen Tod" (Gebser, 1953, S. 385). Obwohl das aperspektivische Bewußtsein in seiner höchsten Höhe und Vervollkommnung mit dem Tao, dem Zen-Weg, dem Yoga, der islamischen, jüdischen und christlichen Mystik zusammenfällt, ist es doch nicht Gebsers Meinung, daß in kurzer Zeit der Durchschnittsmensch sich zur Höhe eines Buddha, Jesus, Al-Hallaj, einer Margarete Porete oder eines Ramakhrishna erheben könnte. Es wäre mehr als genug, wenn es einer größeren Zahl von Menschen, wenigstens für einen entscheidenden Augenblick lang gelänge, ihr Ich zu lassen (nicht als Ich-Verlust - das wäre Rückfall ins Magische) und die Wirklichkeit jenseits der mentalen Ichverhaftung zu "schmecken", einmal nur zu erfahren.

"Dabei ist nicht die Zahl derer entscheidend, die das Neue realisieren und leben, sondern die Intensität, mit der es von den einzelnen gelebt wird" (Gebser, 1953, S. 383).
Das integrale Bewußtsein, insofern es Integration des Magischen und Mythischen ins Ich ist und das mentale Ich damit stärkt, erweitert und für weitere Veränderungen öffnet, ist in Übereinstimmung mit der Psychoanalyse Freuds ("Wo Es war, soll Ich werden").

Insofern es Ichfreiheit erreicht, hat es die Zielsetzung der klassischen Psychoanalyse bereits überwunden.

So gibt es am Ende ein "Entweder - Oder", und von uns hängt es ab, was für uns Heutige der Ausgang sein wird: Entweder wir bleiben in der magischen, mythischen oder mentalen Verhaftung stecken, dann behält Freuds Satz (vorläufig) Recht: "Ziel allen Lebens ist der Tod." Oder wir kommen über unsere Ichverhaftung hinaus, was gleichbedeutend damit ist zu realisieren: "Ursprung ist Gegenwart, wir wahren das Ganze und das Ganze wahrt uns" (Gebser, 1953, S. 405).

<u>Thesen zu Freuds "Unbehagen in der Kultur "</u>

A

Zusammenfassende Thesen

(I)

Das religiöse Gefühl wurzelt in einem primären allumfassenden Ich-Gefühl.

(II)

Die Menschen streben nach Glück und können von diesem Streben nicht ablassen. Das Glück aber ist unerreichbar.

(III)

Jede Kultur beruht auf einer Form der (Trieb-) Unterdrückung, erzeugt daher selbst Unglück und ist stets vom Umsturz durch die niedergehaltenen Triebe bedroht.

(IV)

Die Liebe als Kulturmacht schließt die Menschen zu immer umfassenderen Einheiten zusammen.

(V)

Das Gebot der Nächstenliebe ist unerfüllbar und von zweifelhaftem Wert.

(VI)

Der Todestrieb wirkt antagonistisch zu Eros: Er löst die von Eros gebildeten Einheiten und Formen auf, ist wesentlich Verneinung und Vernichtung.

Der Kulturkampf zeigt das Ringen von Eros und Thanatos. Sinn und Ziel dieses Kampfes sind ungeklärt.

(VII)

Das Schuldgefühl und die Gewissensfunktion - aus der Ambivalenz von Lieben und Hassen hervorgegangen - sind wichtige Mittel der lebensnotwendigen Aggressionseinschränkung zwischen den Individuen. Der Preis, der für diesen Kulturfortschritt bezahlt wird, ist ein Anwachsen des Aggressionsdrucks im Inneren der Individuen (Macht und Strenge des Über-Ich), der als dumpfes Schuldgefühl, als Unbehagen in der Kultur gefühlt wird.

(VIII)

Sollen die Menschen eine Zukunft haben, wollen sie als Gattung menschlich leben und überleben, so müssen sie ihrem Trieb zur Selbstvernichtung Herr werden. Ob es den Menschen gelingt, diese ihre Schicksalsfrage zu lösen, ist zweifelhaft.

B

Gegenthesen

(I)

Das religiöse Gefühl - als "Sehnsucht nach dem Ursprung" (Eliade) oder erfahrene "Gegenwart des Ursprungs" (Gebser) - wurzelt im Absoluten. Der Ursprung ist das Ziel.

(II)

Das Glück ist für den im dualen Bewußtsein und im Lustprogramm gefangenen Menschen unerreichbar. Die radikale Negation aller Lustsuche und der mentalen Beschränkung ist die Essenz des positiven Glücks.

(III)

Eine Kultur, die auf Ausbeutung beruht - egal in welcher Form -, muß sich selbst aufheben. Das bedeutet: Entweder Überwindung der Ausbeutung und damit positive Selbstaufhebung - oder Selbstzerstörung der Kultur.

(IV)

Eros ist Durst (buddhistisch: Trishna) nach Sein. Dieser Durst kann durch Objekte nicht gestillt werden. Er findet erst im Absoluten, der Quelle allen Seins, sein Ziel und seine Ruhe.

(V)

"Erst in der Verneinung all dessen, was nicht Liebe ist - Verlangen, Vergnügen - stellt sich Liebe mit ihrem Erbarmen und ihrer Intelligenz ein" (Krishnamurti). Wenn die Nächstenliebe unrealisierbar bleibt, ist kein Ausweg aus der Selbstzerstörung des Menschen möglich. Die "exklusive Liebe" klebt am Ich, ist dem Wesen nach narzißtisch. Das Ich muß überwunden werden.

(VI)

Thanatos ist der Durst nach dem Nichts. Erst in Verbindung mit Traumatisierung (Ferenczi) wirkt er sozial-destruktiv. Thanatos findet erst im Absoluten sein Ziel und seine Ruhe. Das Absolute umfaßt die Entgegensetzung von Sein und Nichts (das Werden), ist das Zusammenfallen und die Identität dieser Entgegengesetzten (Hegel) und als "überseiendes Sein und unnennbares Nichts" (Eckhart) jenseits aller Kategorien.
Leben und Tod sind gleichermaßen Manifestationen des Einen, Absoluten.

(VII)

Das Schuldgefühl und das Unbehagen in der Kultur sind Wesenszüge des "unglücklichen Bewußtseins" (Hegel), das seine Gefangenschaft in sich selbst, sein Ungenügen an sich und die Unfähigkeit, aus eigener Kraft über sich selbst hinauszugehen, fühlt. Das Unbehagen in der Kultur ist ein Hinweis, daß eine radikale Bewußtseinstransformation (Gebser) ansteht.

(VIII)

Der Sinn und das Ziel des Kulturprozesses (wie der Evolution überhaupt) ist die Selbsthervorbringung des Geistes aus seinen verhüllten Vorformen (Hegel, Aurobindo, Gebser), bis er im Bewußtsein des Absoluten zu sich selbst zurückkehrt und sich vollkommen ausdrückt. Lassen sich die Menschen auf diesen Bewußtwerdungsprozeß ein, so werden sie nicht nur überleben, sondern im Vollsinn des Wortes leben und Mensch sein. Tun sie es nicht, so verspielen sie ihr Leben und ihren Tod.

Literaturliste

Althaus, Horst: Hegel und die heroischen Jahre der Philosophie.
Hanser. München. 1992

Andreas-Salome, Lou: In der Schule bei Freud. Tagebuch eines
Jahres (1912/1913).
Ullstein. Frankfurt/M. 1983

Narzißmus als Doppelrichtung.
Imago. 1921. VII/4: 361 - 386.

Aurobindo: Das göttliche Leben.
Hinder u. Deelmann. Gladenbach. 1991

Blomeyer, Rudolf: Die Spiele der Analytiker.
Walter. Olten. 1982

Caruso, Igor A.: Die Trennung der Liebenden. Eine
Phänomenologie des Todes.
Fischer. Frankfurt/M. 1983

Dietzfelbinger, Konrad: Apokryphe Evangelien aus Nag Hammadi.
Dingfelder. Andechs. 1989

Dogen Zenji: Shobogenzo.
Theseus. Zürich. 1989

Eckhart, Meister: Werke (BDK). N. Largier (Hg.)
Deutscher Klassiker Verlag. Frankfurt/M. 1993

Deutsche Predigten und Traktate. J. Quint (Hg.).
Diogenes. Zürich 1979

Eliade, Mircea: Mythen, Träume und Mysterien.
Müller. Salzburg. 1961

Schamanismus und archaische Ekstasetechnik.
Suhrkamp. Frankfurt/M. 1975

Ferenczi, Sandor: Ohne Sympathie keine Heilung. Das Klinische
Tagebuch von 1932. J. Dupont (Hg.).
Fischer. Frankfurt/M. 1988

France, Anatole: Aufruhr der Engel.
Büchergilde Gutenberg. Frankfurt/M. 1983

Freud, Sigmund: Gesammelte Werke (G.W.)
Fischer. Frankfurt/M. 1960

Karl Abraham. Briefe 1907-1926. H.C. Abraham und
E.L. Freud (Hg.).
Fischer. Frankfurt/M. 1965

Lou Andreas - Salome. Briefwechsel. E. Pfeiffer (Hg.).
Fischer. Frankfurt/M. 1966

Briefe an Wilhelm Fließ. 1887-1904. J.M. Masson (Hg.).
Bearbeitung der dt. Fassung durch M. Schröter und
G. Fichtner.
Fischer. Frankfurt/M. 1986

C.G. Jung. Briefwechsel. W. Mc Guire u. W. Sauerländer (Hg.)
Fischer. Frankfurt/M. 1974

Oskar Pfister. Briefe 1909-1939. E. Freud u. H. Meng (Hg.)
Fischer. Frankfurt/M. 1963

Gebser, Jean: Ursprung und Gegenwart.
Deutsche Verlags-Anstalt. Stuttgart. 1. Band 1949,
2. Band 1953

Transparente Welt. Festschrift für J. Gebser. G. Schulz (Hg.)
Huber. Bern. 1965

Grubrich-Simitis, Ilse: Zurück zu Freuds Texten.
Fischer. Frankfurt/M. 1993

Hegel, Georg W.F.: Werke. E. Moldenhauer und K. Michel (R).
Suhrkamp. Frankfurt/M. 1986

Lutyens, Mary: Krishnamurti.
Aquamarin. Grafing. 1991

Musil, Robert: Der Mann ohne Eigenschaften. H. Frisé (Hg.).
Rowohlt. Hamburg. 1970

Nietzsche, Friedrich: Werke in drei Bänden (S.A.). K. Schlechta (Hg.).
Hanser. München. 1966

Werke. Kritische Gesamtausgabe (KGW). G. Colli und
M. Montinari (Hg.).
De Gruyter. Berlin. 1967

Panikkar, Raimon: Gottes Schweigen. Die Antwort des Buddha für
unsere Zeit.
Kösel. München. 1992

Platon: Briefe. J. Irmischer (Ü).
Akademie. Berlin. 1960

Plotin: Plotins Schriften. R. Harder (Ü). R. Beutler und
W. Theiler (Hg.).
Meiner. Hamburg. 1964

Ramana Maharshi: Gepräche des Weisen vom Berge Arunachala.
Ansata. Interlaken. 1989

Ricoeur, Paul: Die Interpretation. Ein Versuch über Freud.
Suhrkamp. Frankfurt/M. 1974

Roazen, Paul: Sigmund Freud und sein Kreis.
Pawlak. 1976

Rolland, Romain: Vivekananda. Erster Halbband: Das Leben des
Vivekananda. Zweiter Halbband: Ramakrishnas und
Vivekanandas Universales Evangelium. P. Amann (Ü).
Neuausgabe der 1929 vollendeten Texte.
Kugler. Oberwil b. Zug. 1987

Stefan Zweig. Briefwechsel 1910-1940.
Rütten und Loening. Berlin. 1987

Liber Amicorum Romain Rolland. M. Gorki,
G. Duhamel und S. Zweig (Hg.).
Rotapfel. Zürich. 1926

Rückert, Friedrich: Ausgewählte Werke. A. Schimmel (Hg.).
Insel. Frankfurt/M. 1988

Schimmel, Annemarie: Mystische Dimensionen des Islam.
Die Geschichte des Sufismus.
Diederichs. München. 1985

Schopenhauer, Arthur: Der handschriftliche Nachlaß.
Arthur Hübscher (Hg.).
DTV. München. 1985

Die Welt als Wille und Vorstellung (WWV). Zürcher
Ausgabe. Arthur Hübscher (Hg.).
Diogenes. Zürich. 1977

Schur, Max: Sigmund Freud. Leben und Sterben.
Suhrkamp. Frankfurt/M. 1977

Spinoza: Opera. Werke. Lateinisch und Deutsch.
Wissenschaftliche Buchgesellschaft. Darmstadt. 1989

Wilber, Ken/J. Engler/D. Brown: Psychologie der Befreiung.
Perspektiven einer neuen Entwicklungspsychologie –
Die östliche und die westliche Sicht des menschlichen
Reifungsprozesses.
Scherz. München. 1988

Wilber, Ken: Mut und Gnade.
Scherz. 1992

Wittgenstein, Ludwig: Geheime Tagebücher. 1914-1916.
Wilhelm Baum (Hg.).
Turia und Kant. Wien. 1991

Tractatus logico-philosophicus.
Suhrkamp. Frankfurt/M. 1976

Viereck, George S.: Schlagschatten.
Eigenbrödler. Berlin. Zürich. o.J.

Zweig, Stefan: Romain Rolland. Der Mann und das Werk.
Rütten u. Loening. Frankfurt/M. 1921

Nachbemerkung des Verfassers

Der Aufsatz und die ihm nachgestellten Thesen bildeten die Grundlage für eine Arbeitsgruppe innerhalb der Tagung „Trauma und Konflikt" des Instituts für Psychoanalyse Nürnberg (DPG) in Regensburg am 05.03.1994.
Meine Auffassungen haben sich seither im Einzelnen, nicht aber im Grundsätzlichen geändert.
Ich habe – um der Geschlossenheit und des dokumentarischen Charakters meiner damaligen Ausführungen willen – nichts verändert, auch jene Einzelpunkte nicht, über die ich heute anders (nämlich einfacher) denke.
Man verstehe diesen Text als eine Station auf einem längeren Erkenntnisweg, nicht als ein unwiderrufliches Resultat.

Regensburg, den 06.01.2000

Anton Uhl

Anschrift des Verfassers

Anton Uhl
Dipl.–Psych., M.A.
Psychoanalytiker (DPG/DGPT)
Herrichstr. 27, 93049 Regensburg
Tel. 0941/22459
Fax 0941/24504